投資長
的
思維

世界頂尖基金經理人的領導與投資指南

CAPITAL
ALLOCATORS

How the world's elite money managers
lead and invest

暢銷書作家、Podcast「資本分配者」主持人

TED SEIDES

泰德·賽德斯———著　　陳重亨———譯

推薦與評論

「作者泰德透過他的 Podcast 節目訪談全世界最優秀的投資專家。現在《投資長的思維》把訪談精華匯集成投資指南,任何真正想要思考長期投資者都該人手一本!」

——雷夫・安德,澳洲未來基金執行長

「《投資長的思維》書中滿滿來自全球領先投資專家切實可行的操作建議,涵括主題從訪談經理人到投資決策一應俱全。泰德的 Podcast 來賓原本就讓人驚艷,現在更把這些智慧語錄提鍊成一個精萃綱要,每一頁都值得大家畫重點熟讀。相信我,選擇閱讀《投資長的思維》就是最讚的決策!」

——安妮・杜克,職業撲克牌玩家、
暢銷書作家、決策策略分析師

「泰德・賽德斯這本非比尋常的專著,汲取廣大產業領導者的專業知識和經驗教訓。他做過許多專業人士的深入訪談,現在又巧妙提鍊成書,流暢涵蓋執行、領導和投資等主題技能與課程。如此精心製作的《投資長的思維》當然是內容豐富的必讀本,已入業界和有心投入的投資專業及各種相關人士切莫錯過!」

——葛雷格萊・佛萊明,洛克菲勒資本管理公司總裁兼執行長

「《投資長的思維》是主題廣泛、探索深入的資產分配者操作指南。我真希望二十五年前就有這樣的書出版！光是裡頭收錄的名家引文就值回票價。你可以引用我這句話！」

——安德魯·高登，普林斯頓大學投資公司投資長

「我認識的人裡頭，泰德最了解投資管理的精奧，因為他訪談過最多的專業投資人。有人說整本書難以打動人心，但天外飛來一筆或許就一語中的！這本書就有好多對話令人深思，難以釋卷。」

——摩根·豪瑟，合作基金合夥人、銷暢書作家

「跟很多投資學習的書不一樣，《投資長的思維》不標榜什麼神奇技巧讓任何人變成投資天才，而是詳細介紹偉大投資人如何辛勤努力來爭取更好的成果。這本書不是要教你暴發致富，各位要是肯花時間好好理解它所提供的教訓，就可以成為思慮周全的投資人。」

——班·因克，葛馬奧基金公司資產配置總監

「《投資長的思維》提供優異卓越的投資工具包和架構，這些都會反映出法人機構及其投資長的不同風格。《投資長的思維》是投資入門手冊，涵蓋投資長在發展自己風格與策略願景時需要考慮的所有重要主題。泰德更指出成功投資長有法可循，也能在許多不同觀點中相互學習。」

——安娜・馬歇爾，惠利特基金會投資長

「法人投資機構最需要泰德的聲音！只是它以前不知道。現在透過這本《投資長的思維》和他無與倫比的 Podcast，泰德為更多閱聽大眾完整揭露投資的幕後世界，大家也會更了解傑出投資人如何資金大挪移。」

——吉普・麥克丹尼，期刊《法人投資機構》總編輯

「泰德透過上百次訪談，讓大家都能一窺資本分配的世界。現在他進一步把這些經驗教訓提煉成一套方案，使投資人都能提升自己的工作方式。必讀！」

——派崔克・歐夏尼斯，歐夏尼斯資產管理公司執行長

「全世界最重要也最有影響力的投資人提供最有趣也最精要的見解和教訓，現在都匯整到《投資長的思維》！這本書行文連貫，清晰易解，讓讀者得以窺探資本分配者的思考。各位要是對投資感興趣，就應該仔細閱讀，當然也適合我的學生！」

——艾胥比‧孟克，史丹佛大學全球專案中心行政總監

「泰德‧賽德斯《投資長的思維》從他的專業人脈擷取豐富智慧，每一頁都為我們帶來工具、架構。泰德這本《投資長的思維》讓我們了解成功投資長在投資過程的各個方面，並且匯整這些專家在金融市場中吸取的經驗和教訓。渴望發展與成功的投資團隊，這本書都是必讀本！」

——馬利歐‧賽里恩，魁北克儲蓄投資集團投資基金
與外部管理總監

「我從 Podcast 的每一集都學到一些東西，而《投資長的思維》這本書把這些精華匯整在一起。成為投資長沒有什麼正確方式，每個投資長都是獨一無二，但我們可以互相學習彼此的經驗和教訓，理解我們之間細微差異的寶貴價值。謝謝泰德！感謝你為投資長提供這個分享理念和想法的平台，也出版這本精彩的集錦。」

——詹姆斯‧威廉斯（即吉姆‧威廉斯），
蓋提信託基金投資長

一窺頂尖的法人機構投資長與基金經理人如何管理資產

謝劍平 / 台灣科技大學　財務金融研究所　教授

　　我雖在學校有開投資相關課程，但從不敢妄稱能看透資本市場，在課堂上也常告訴學生，投資方法因人而異，在學校學的是架構與邏輯。由泰德・賽德斯（Ted Seides）所撰寫的《投資長的思維》，正好收集了最頂尖資本分配者的投資架構形塑過程與投資管理的思維邏輯，也可以說是摘錄各名家精華的「工具書」。一邊閱讀的同時，也一邊讓我回想過往在業界的經歷。多年前，我曾在上市公司擔任財務長，當時董事會交付的任務之一，該如何對龐大資本進行有效的配置。而本書正好彙整了業界菁英的經驗與智慧，以清晰流暢的文

字，帶領讀者深入作者精心設計的主題，每一個章節都值得細細品味。若當時有這本「秘笈」，或許我能更有效率的做出精緻的決策吧！

有別於市面上常見的投資書籍，主要是介紹投資的工具與方法，透過《投資長的思維》，能讓一般投資人得以一窺頂尖的法人機構投資長與基金經理人是如何管理龐大的資產。不僅是所謂的資本配置，更涵蓋如何管理投資團隊與決策過程的思維，了解這些主要玩家眼中的資本市場運作。另外，我認為最特別的亮點，是本書的第三部分收錄了作者所訪問對象的金句，涵蓋了書中的主題。句子雖短，卻是每一位受訪者寶貴經驗的濃縮精華，隨時隨地都可以拿出來翻閱，某些句子令人看了如醍醐灌頂，回味不已。

很榮幸獲邀為《投資長的思維》撰寫推薦序，短短幾句話無法表達書本的完整價值，剩下的就讓讀者們慢慢咀嚼，絕對值回票價。

獻給 Podcast「資本分配者」的來賓和聽眾
謝謝你們帶來的良性循環

尤其是我太太凡妮莎
她總是搶在前排熱情加油
為我照亮舞台

目錄

CONTENTS

第 1 部　工具包 TOOLKIT

第 2 部　投資架構 INVESTMENT FRAMEWORKS

關於作者

泰德・賽德斯（Ted Seides），特許金融分析師，參與法人投資機構二十五年，主要任務是分配資金給基金經理人進行操作。他的職業生涯從一九九二年在耶魯大學投資辦公室開始，此時大衛・史雲生（David Swensen）接掌耶魯大學投資工作已七年。泰德在史雲生指導下，認真學習五年後轉赴哈佛商學院繼續深造，當時投資界聖經大衛・史雲生的《開創投資組合管理》（Pioneering Portfolio Management）正要出版。

泰德曾在暑期打工和商學院畢業兩年後，直接參與耶魯大學三位經理人、避險基金婆羅門資本（Brahman Capital）、私募股權石橋合夥公司（Stonebridge Partners），以及創投業 JH 惠特尼公司（J.H. Whitney & Company）的投資工作。這幾次經驗讓他了解到，幕後工作很少像台前亮相那麼光鮮亮麗。

二〇〇二年，他重回投資產業透過經理人進行投資，與夥伴一起創辦門徒合夥公司（Protégé Partners），並擔任總裁兼聯合投資長。門徒公司，是掌管數十億美元的另類投資公司，主要投資小型避險基金並提供種子資金。二〇一〇年，雷利・

柯查（Larry Kochard）和凱薩琳・里特萊瑟（Cathleen Rittereiser）出版《頂級避險基金投資人》（*Top Hedge Fund Investors*），曾專章介紹泰德的工作成績。二〇一六年，泰德也出版《啟動避險基金：基金經理人與資本分配者的教訓》（*So You Want to Start a Hedge Fund: Lessons for Managers and Allocators*）和大家分享他的經驗教訓。

二〇〇七年，某個靜淡無波的日子，泰德看到巴菲特宣稱指數基金比避險基金厲害，突然靈機一動，對巴菲特提出挑戰。為了證明避險基金對法人機構投資組合的價值，他和巴菲特約定一項歷時十年的慈善賭注，精選五檔避險基金，以二〇〇八年至二〇一七年操作績效與同期標普 500 指數一較高下。雖然門徒公司最後是輸了，泰德對於當年決策過程的品質和最後結果的機率分配，還是充滿好奇。

二〇一七年泰德開播 Podcast「資本分配者」節目，主要是邀請業界重要投資長做一系列的訪談。這個節目到二〇二〇年八月，總共吸引了四百萬人次下載聆聽。《巴倫周刊》（*Barron's*）、《商業內幕》（*Business Insider*）、《價值漫步》（*ValueWalk*）和《富比世》（*Forbes*），都評為投資類頂級節目。泰德在業務策略、訪談內容和投資方面，也為資產經理人和資本分配者提供許多建議。

泰德也為《法人投資機構》刊物撰寫評論文章，在特許金融分析師協會（CFA Institute）「企業投資者」（Enterprising Investor）開設評論部落格，並為已故學者彼得・伯恩斯坦（Peter L. Bernstein）創辦的《經濟學與投資組合策略》（*Economics and Portfolio Strategy*）客座撰稿。

　　各位在「資本分配者」節目第四十五集（〔與金錢無關〕）、第三十四集（〔深入探索避險基金〕）和第五集（〔和巴菲特打賭〕）都能聽到泰德自己說自己的故事。

致謝

ACKNOWLEDGMENTS

　　我父親很小的時候就失去父母，他自己的爸爸在五十二歲就過世，所以，我爸爸從沒想過自己可以活得更久。如今爸爸已經八十七歲，還是整日笑呵呵，過去這三十五年的每一天，都有意想不到的快樂。

　　「資本分配者」Podcast 節目，對我來說，也是這樣。我開播的時候，原本也沒設定什麼目的或目標。感謝有這麼多非常厲害的來賓、熱情投入的聽眾，再加上一些綜合與選擇帶來的魔力，整個體驗就是巨量的驚喜。

　　我最深切感謝要給來參加節目，和大家分享故事的訪談來賓。節目第一年所有來賓幾乎都是我以前在業界的朋友。他們原本也沒想過可以獲得什麼額外的好處，真正感謝各位無私分享對話。正是這些才華洋溢的專業人士願意提供自己的時間和智慧給予支持，才能為後來發展奠定基礎。

　　後來有許多來賓一再談到，因為接受訪談而獲得種種有形與無形的好處。我最常聽到的是，幾個老朋友和老同事跟我說起，很多人都說來上節目，對他們的投資和業務很有幫

助。我很高興大家對此表達善意，也等於跟以後的來賓掛保證，來上節目會帶來有益的驚喜！有少數幾位來賓以前並不熟識，但是透過節目的聯繫，如今也發展成有意義的關係，這真是額外的獎勵。我真高興我們是以這種方式相遇而相識。

這個節目創造出一個虛擬社區。對於它今日可以展示出來的力量，聆聽節目的聽眾和上節目的來賓一樣重要。熱烈支持的聽眾會吸引優秀的來賓，而優秀來賓又反過來幫助節目提升內容，也吸引更多聽眾。我們的聽眾社群不只是來自世界各地、領先業界的資本分配者和基金經理人，也有各行各業對投資感興趣的投資人。感謝大家花費寶貴時間來收聽我的節目。

過去三年來，我收到無數的感謝信函。每一個感謝都提醒我，這個節目能發揮的影響比我個人要大得多，也激勵我繼續向前邁前。真的感謝大家的鼓勵和支持！

雖然我原本沒打算把這次冒險當作謀生工具，但一連串的偶然最後變成這個結果。我要感謝所有支持節目的廣告商、贊助企業、提供優質內容的成員以及許多諮詢客戶。

派崔克・歐夏尼斯在這段旅程中一直是我的親密戰友，在風格、最佳實務和 Podcast 節目業務一直提供意見和想法。他發揮大自然般的力量，給我許多靈感和鼓勵，是真正的好朋友！

克里斯多福·塞佛是這本書的催化觸媒。一年前，我透過「資本分配者」網站（www.capitalallocators.com）的電郵清單請大家幫忙，從每一集節目中收集最佳引文。結果克里斯多福比誰都厲害，每一集都找出一頁半引文金句，足以概括整集的內容。我其實對這個出版計畫已經想過一段時間，只是一直無法想像，回頭翻查幾千頁的文字稿要花多少時間。這本書的第三部分，有很大程度，就是借重克里斯多福對各集節目的出色匯集和整理。

康納·艾勒（Connor Aller）兩年前以實習身分加入團隊，負責管理網站和特定專案的幕後製作。我要求的一切，他都能熱情投入地完成，而且在日常工作中發揮最高水準。在此感謝康納！如果沒有你的幫助，我也沒有足夠頻寬來承擔這個工作。

兩年前，哈里曼出版社（Harriman House）的葛雷格·皮爾斯（Craig Pearce）就找到我，說如果我以後想出什麼書的話，他都樂意為我出版。他提供的經濟合作關係，為這個出版計畫的每個步驟交出真正合作夥伴的完美成果。謝謝你提供寶貴意見和建議，讓這本書大大地向上提升。

布萊恩·波諾伊（Brian Portnoy）和伊雷茲·卡力爾（Erez Kalir）是我的好朋友也是極有成就的思想家，他們殷勤親切地

對文稿提出意見，在敏銳關注下讓這本書變得更好。我很感激你們的協助和友誼。

從我們相遇的那天起，我的妻子凡妮莎・珊克－賽德斯（Vanessa Schenck-Seides）就一直是支持我振翅高飛的和暢清風。我們都沒想過生活帶領我們走到一起，但我非常感激有你相伴，二人同行。謝謝我的愛，這一路上的每一步都鼓勵我，與我一起歡笑。

我來自一個教師家庭。我媽媽在退休前是經營學齡前教育機構，我姐姐是特教班的老師。我爸爸多年行醫也在研究所執教，而我弟弟也差不多放棄無線電信工作，轉到商學院教職。我也一直以為自己會在教室工作。其實我真的是在某種教室裡頭。感謝各位每週都來上課，而且拿起這本教科書。

關於資本分配者

ABOUT CAPITAL ALLOCATORS

這些資本分配者是何方神聖，為什麼有四百萬人次收聽 Podcast「資本分配者」訪談呢？

資本分配是決定將有限資源投資到何處的過程。企業經理人為公司營運和各項計畫分配資金，就是在做資本分配。投資公司的投資組合經理人進行部位選擇與調整，也是在做資本分配。投資長（CIO）為資金最終擁有人選擇投資產品，即是在做資本分配。現實世界中的資本分配幾乎是無所不在，而且絕對是影響深遠。

我的 Podcast「資本分配者」在二〇一七年開播，關注的就是上述三類的最後一個，這些人可說是全球資本食物鏈的最高一級。因此我在這本書中提到的「資本分配者」，想到的就是投資長及其團隊。

在食物鏈的底層是許多企業家培育企業，他們出售一部分事業或融資貸款，籌措資金來實現夢想。他們做出許多商業決策，決定生產哪些產品、提供什麼服務、進入哪些市場，

為新計畫或歸還資本採取什麼融資形式。這些決定對於事業成功與否非常重要。但它們跟投資長要面對的決策並不相同。

食物鏈中間那一層是基金經理人。他們的工作也是在做一些選擇，跟企業主管一樣。他們跟投資長一樣要做資本分配決策，為投資組合選擇投資項目，即是他們製造的產品。

投資長站在食物鏈最高層，而那些捐贈基金、基金會、高資產人士、家族辦公室、大企業及公家的退休基金還有主權財富基金等等，就是資本的最終金主。這些機構的投資運作，都是交給投資長負責領導。

資本最終金主的投資團隊，常常只是少少幾位專業人士。這種投資團隊偶爾會直接用股票或其他交易做投資，但更常選擇的是基金經理人操作的產品。

基金經理人通常專注在某一種投資方式，例如的安德森‧霍洛維茲（Andreessen Horowitz）或「a16z」（專訪史考特‧庫伯〔Scott Kupor〕——第一次會議，資本分配者第七集）是領先業界的創業投資公司；而威靈頓管理公司（Wellington Management）（專訪珍‧海因斯〔Jean Hynes〕——第八十二集）最有名的是做上市股票和固定收益管理。其他還有一些是做中介轉包，例如賀托‧卡拉漢（Hirtle Callaghan）（專訪強納森‧賀托〔Jon Hirtle〕——第九十八集）專門支援投資長外包（OCIO）服務，

這也是從最終金主那兒募集資金來投資基金管理產品。

世界各地都有很多學有專精、資源豐富的基金經理人，採用各種不同策略做投資，所以對投資長來說，在各種投資領域中挑出最厲害的操作者，也是一種明智的投資方法。投資長要做的選擇是跟哪些專業人士合作，而不是組個團隊跟他們一較高下分個輸贏。

投資長在整個投資界裡頭也像個學生。他們各自擁有獨特優勢，從自己的角度來檢視資產、策略和地理因素，為了滿足目標來組成最棒的投資組合。他們各自評估基金管理組織的優點和經理人旗下資產的吸引力。他們置身在投資菁英之中，彼此隨時都可以接觸聯絡。他們在投資界所站立的位置最是開闊也最迷人，而他們做出的決定，可以大幅影響全球資金的流動。

我的職業生涯一開始是為全球最知名投資長大衛・史雲生（David Swensen）工作，他在耶魯大學主持投資辦公室總共三十五年。史雲生是非常傑出的投資人也是極有天賦的教師，領導十幾位門生學徒管理幾個全球最大的捐贈基金和基金會。*

在耶魯學藝之後的二十年，我持續鑽研上市及私募市場的各種基金經理人。三年半前，我在網路上開了一個做叫「資本分配者」的 Podcast 節目，採訪世界各地的投資長，與大家分

享我們的對話。我採訪這些掌握時間與金錢分配精要的專業人士，是想要了解他們各有不同的思考架構和最佳實踐方法。

我其實沒想過要再寫一本書。第一次出書的作者，雖然看到書封印著自己名字會有一種單純的快樂，等到發現寫一本書會把我們最寶貴的兩種資源，時間和金錢全部消耗光光，大多數就不會覺得那麼快樂。不過，現在我又來啦！因為一個偶然機會，我又坐在電腦前開始寫作。

我採訪過這麼多資本分配者、經理人和思想領袖，每一位都跟我分享如何增強投資過程的智慧，我也無法把所有資訊保留在自己腦子裡。關於說明法人投資機構資本分配的結構，大衛・史雲生的書仍然是權威之作。而我這本書跟它不一樣，是要解釋這些投資高手如何施展高超技藝。

我寫這本書的目的，是幫助投資人做出更好的決策。要做好投資，是一年比一年難，獲致成功所需的技能也愈來愈多。而我 Podcast 採訪來賓傳授的經驗教訓，正是未來成功所需的技能和先決條件。

*   以下業界名人都是我在耶魯大學的同事：普林斯頓大學投資公司（PRINCO）投資長安
    迪·高登（Andy Golden）、卡內基公司（Carnegie Corp）前投資長愛倫·修曼（Ellen
    Shuman）、洛克菲勒基金會前投資長多娜·迪恩（Donna Dean）、考夫曼基金會
    （Kauffman Foundation）前投資長瑪麗·麥克林（Mary McLean）、麻省理工學院投資
    公司（MITIMCo）投資長賽斯·亞力山大（Seth Alexander）、紐約大都會博物館投資
    長羅蘭·梅瑟芙（Lauren Meserve），鮑登學院（Bowdoin College）投資長寶拉·佛
    倫特（Paula Volent）和特魯渥合夥公司（Truvvo Partners）投資長凱絲·華倫（Casey
    Whalen）。比我稍後的知名校友還包括：史丹佛大學管理公司執行長羅伯·華勒斯（Robert
    Wallace）、帕卡德基金會投資長金·薩吉特（Kim Sargent）、賓州大學投資長彼得·艾
    蒙（Peter Ammon）、衛斯理大學投資長安妮·馬丁（Anne Martin）和雨水慈善基金會
    投資長蘭迪·金（Randy Kim）。

如何使用本書

HOW TO USE THIS BOOK

「資本分配者」總共有一百五十集的採訪內容，這本書就是來賓在節目中分享各種經驗教訓的濃縮精華。書裡分成三大部分，都以讀者最容易消化吸收的方式來呈現。

「導讀」介紹這個 Podcast 節目是怎麼開始的，同時跟各位分享，我對於主動與被動型投資法的看法。要是有人全心全意只相信被動型投資法才正確，那麼我很抱歉，又讓你的投資白花幾塊錢。這本書是為另外那些人準備的。

本書第一部分是「工具包」，介紹資本分配者必要的五種實用工具：訪談、決策、談判、領導力和管理。每一章分別介紹一種技能，這些章節都可單獨閱讀。各章節當然是按邏輯排序，不過各位要是覺得哪一章特別有趣，想搶先翻閱披覽，也不會因此錯失精彩內容或有所誤解。

第二部分介紹投資技藝。這是從現代資本分配者如何思考和進行投資的過程，總結出一整套的投資架構。各章分別討論治理、投資策略、投資流程、技術創新，以及處理不確定性的個案研究。這個投資結構，是從一萬英尺高空往下觀察的投資長思考過程。各位按照順序閱讀，即可輕鬆消化，

不過如果你單挑一些章節，也一樣是收穫良多。

第一部分和第二部分介紹的投資工具與架構，只是概略簡述。我在每章結尾，都會提供相關主題在 Podcast 節目指引和其他線上資源與書籍推薦，這些都是各位繼續深入探索與學習的下一步。各章結尾的推薦內容，也都集中收錄在書末「附錄 B」，以便檢索閱覽。

我在這幾個部分，都會適時分享節目來賓各種想法和引述，為一些重要概念加色添彩。我按照慣例，會在內文首次提到每位來賓時介紹他們的工作機構。所有訪談來賓的職銜任務簡歷，都收錄在「附錄 C」以便查覽。

第三部分收集訪談來賓的精華語錄，本書編撰過程是把三千五百多頁的採訪文字檔節錄出幾百條引文。這些引文包含的各種想法，有許多是變成前兩個部分的工具包和投資架構。而第三部分，即是收錄剩餘的一百八十四則智慧語錄。大家可以按照需要隨意閱覽，不管是從頭到尾、一次一個、按主題排序或需要靈感時隨手翻閱，悉聽尊便。最後一章收錄的，是從一百五十個小時採訪對話中擷取出最棒的十大金句。

這本《投資長的思維：世界頂尖經理人的領導與投資指南》正是我希望自己辦公桌上能常備在側的最棒投資手冊。

希望各位也認同！

導讀

「是你找到這個 Podcast，還是 Podcast 找到你？」

——麥克・梅渥斯

　　二〇一六年寒冷的二月某日，我和朋友葛雷格・克拉克（Gregg Clark）在佛蒙特州海斯塔克山（Haystack Mountain）搭上滑雪纜車。葛雷格善良又熱心，我確定他如果去參加機智問答一定是世界冠軍。他懂得各種有用和無用的知識，簡直像是一部百科全書，金融模型的神祕細節他如數家珍，對於托爾特克（Toltec）古文明的智慧也一樣瞭如指掌。他本身也是受過專業訓練的工程師，有個週末，在滑雪小屋看到電子保齡球設備故障不動，廠商說要拖到星期一才有空來修，他拿著維修手冊忙了一夜，第二天早上就把它修好啦！

　　我們那時候搭纜車上山，葛雷格問我有沒有聽過Podcast。我那時候根本沒聽過那玩意兒，也不曉得我的「iPhone」手機上，早就有那個紫色的應用程式。他教我怎麼收聽「提姆・費里斯秀」（The Tim Ferriss Show），結果我一聽，就上癮了。

大概是在那段時間，我出了第一本書《啟動避險基金：基金經理人與資本分配者的教訓》（*So You Want to Start a Hedge Fund: Lessons for Managers and Allocators*）。當時我專心研究早期避險基金各項資訊和投資，已達十四年之久，對於這個產業整個生態系統的認識已是少人可及。後來發現，我不斷在說同樣這些資訊，就決定把它寫出來，讓更多人可以從別人過去經驗吸取教訓。

那本書，也代表我職業生涯中某個章節的結束。我很想離開小型避險基金那種狹隘領域，回到職涯開始之初那樣的大世界。

在那個過渡階段，我收到一些公開演講的邀請，請我跟大家分享那本書談到的經驗。所以我上了幾個電視、廣播和 Podcast 的節目。有一個 Podcast 節目，讓我印象特別深刻。二〇一六年十月，我接受派崔克・歐夏尼斯（Patrick O'Shaughnessy，歐夏尼斯資產管理公司執行長）的訪談，成為他 Podcast 節目「投資最高手」（Invest Like the Best）第七集的來賓。我對他準備資料的功夫和提出正確問題的能力，十分佩服！我們很快就成為彼此信任的好朋友。

派崔克的經驗為我揭開 Podcast 的幕後面紗，其實我們兩個就是坐在他的辦公室，各自在麥克風前面講話交談而已。

就這麼簡單。

後來沒過多久，我在臉書上看到了一則貼文，說我大學時的朋友克利斯・杜渥斯（Chris Douvos）也要到某個 Podcast 當來賓。克利斯是創業投資部落格「超級 LP」的寫手，筆下妙趣橫生，他也是阿霍伊資本公司（Ahoy Capital）的創辦人。那個節目我聽了，聽得很驚訝。主持人的發問生搬硬套，能量如此之低，好像是想盡辦法讓克利斯的訪談沉悶無比。各位如果去聽聽我和克利斯的訪談對話（「資本分配者」第十四集）就會明白，要壓制他那源源不絕的精力，可是十分非常不容易！

那天，我突然就有個想法。我現在剛好有時間嘛，也想跟一些老朋友重新聯絡，過去整天忙著管理基金，可沒什麼時間見面。我也想跟派崔克一樣，在訪談中展現我的機智巧妙，我相信我可以比採訪克利斯的人做得更好。

所以我就自己開了個 Podcast，專門採訪那些管理大額基金的人。我打電話向派崔克請教，問他要怎麼進行。他就開了張單子給我，叫我去買齊必要設備，然後把訪談錄下來，後續製作再找馬修・派西（Mathew Passy）來幫忙。所以我就開始啦！

我錄下我跟朋友史蒂夫・加布萊斯（Steve Galbraith）的精彩

訪談，他以前就是幫我的書《啟動避險基金：基金經理人與資本分配者的教訓》寫推薦序。我帶著史蒂夫講出他精采的職業生涯，他又跟大家分享他買下當地釀酒廠和歐洲足球隊的有趣故事。這次採訪這麼順利，我簡直是不敢相信，也很高興能跟大家分享。

但唯一問題是：我把錄音檔案搞丟啦！

後來的六小時，我在我那台「H6」手持錄音機上都找不到那個錄音檔。我在網路上拚命找方法解決，又打電話找錄音機的廠商客服，也去請教馬修。結果全部白忙一場，絲毫不濟。我正想宣布我那還沒出生就要結束的 Podcast 大概到此為止，突然想到，不然先打電話找葛雷格·克拉克來試試！其他人都束手無策的時候，也許他還會有辦法。果然如此。葛雷格把錄音機連接到電腦上，又插進幾根傳輸線，按下播放鍵，經過一小時又十一分鐘後，不知道從哪兒就下載到那一集的完整數位錄音檔。

Podcast 開播前，我又採訪好朋友錄了兩集對話。一位是我以前商學院的教授安德列·佩羅德（André Perold）。另一個是寶拉·佛倫特（Paula Volent），我以前同事，現在是鮑登學院（Bowdoin College）知名的捐贈基金經理人。不過一週後，寶拉打電話通知我說她沒有獲得播出的許可。所以我準備好的三

集節目又被砍掉三分之一。

　　我播放史蒂夫和安德列那兩集，又寄電郵邀請通訊錄上的朋友下載收聽。有兩百多個朋友聽了其中一集。由此開始，我又邀請一些朋友跟我一起對談。從最早的幾次又累積幾次，一路談過來，就談了三年半到現在囉！

　　　　　　　　　　•　　•　　•

　　剛剛是按照時間順序來介紹我這個 Podcast 節目誕生的過程，但這個故事還有另外一面挺難解釋的。麥克・梅渥斯（Michael Mervosh）上我節目接受訪談時說有一種穿越世界的不同方式。他那時候問說：「是我去找到這個 Podcast 呢，還是 Podcast 找到我？」

　　這個 Podcast 之旅，是我第一次沒先設定什麼目標就接受的專業挑戰。我那時候也正在研究再來要做些什麼才好，所以花時間做訪談節目，我覺得既好玩又蠻有用。就算沒有特別做出什麼成果，我猜想這次冒險至少也能創造出一些選擇吧，雖然我不知道會有什麼選項。

　　其實剛開始做採訪節目的時候，我自己是充滿了疑惑。唯一確定的，只有我自己並不喜歡自己的聲音，所以也相當確信別人應該也不喜歡吧。除此之外，我不知道能不能做得好訪談，對話能否順利進行。懷疑會不會找不到來賓上節目，

擔心找不到討論主題，或者有沒時間繼續做下去。而且我也
沒想過要把 Podcast 當作事業，因為不必深入分析也知道，只
能對自己上門的有限聽眾發送免費內容，絕對不是發家致富
的好路子吧。但那個我也不在乎啦，因為我就是想要嘗試一
點新玩意，不在意成果如何。

　　所以啦，我也沒辦法解釋過去三年半到底是發生什麼事。
我只是寄了一封電子郵件，也在我空蕩蕩的領英（LinkedIn）和
推特板上發布節目通告，結果通過口耳相傳，第一週僅有兩百
次的下載量很快暴增突破兩萬人次！那個上升軌跡，看起來就
像是很多基金經理人在投資說明書上最愛用的股價飆漲圖。

「資本分配者」每週下載次數 [1]

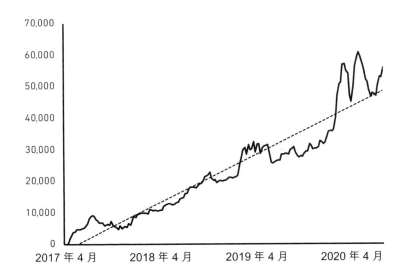

我開始收到許多老朋友和新朋友的正面回應。有人說我的「廣播嗓」非常棒，反駁我唯一的自我否定。還有人說我的採訪風格是態度謙虛又保持好奇，我認為這真是反映出我自己最好的一面。最重要的是，節目嘉賓也因為接受訪問而獲得價值，節目播出後，他們都受到許多好評還會有一些意想不到的好處。這種能夠建立信譽的事情，我喜歡！

我一週又一週推出新節目，才開始意識到自己誤打誤撞開闢出一個跟平常完全不一樣的教育平台。過去二十年，我有幸跟許多最厲害的投資高手合作，所以最早我邀來的五十位訪談嘉賓，就有四十五位是我的朋友或當時的同行。

我以前不太感覺得到，這些真正有料的投資高手，其實外界所知甚少。我最喜歡舉的例子，其中一個就是吉姆・威廉斯（Jim Williams），他長期在蓋提信託基金（Getty Trust）擔任投資長。我們在訪談後，吉姆才說他也是聽我節目之後，才知道同行史考特・馬帕斯（Scott Malpass）的許多經歷，後者原是聖母大學（Notre Dame University）的投資長，最近才剛退休。這讓我很驚訝，因為他們兩人其實是幾十年的朋友啊。吉姆解釋說，雖然他們每年都能講上幾次話，但他過去從沒完整聽過史考特說自己的故事。那時候我也才想到，我以前也沒有聽過誰的完整故事。

引導我找來這些對談來賓的想法，其實是要回答自己心中的問題：我現在想跟誰交談以及我想學習什麼。我喜歡聽別人講他自己的故事，而投資也確實是一種個人故事，所以我做的那些節目都是這樣開始的。我想要深入探索掌握資產管理王國神祕之鑰的那些人，探索他們的理念和實務流程，很多來賓也都認同我這份初衷。另外我也很想知道，還有哪些知識學門可以幫助資本分配者提高技藝和能力。

經過三年來的冒險，這個 Podcast 節目的發展超出我原本的預期，而且真的很有趣。我跟那麼多傑出思想家進行精彩對話，也在這些過程中遇到許多不可思議的奇人妙事。這個派崔克說的「不設目標的成長」，現在證實，真是成果豐碩。

最後，在領教節目嘉賓的經驗教訓之前，我想先跟大家想分享一些關於主動與被動型投資的想法。我的 Podcast 節目和這本書，完全都在討論主動型管理的資金分配和基金經理人。有些批評者認為，主動型管理根本是在幹傻事，在下歉難同意！讓我告訴你為什麼。

主動型與被動型

ACTIVE VERSUS PASSIVE

「輕易跟奧馬哈先知嗆聲打賭，尤其是拿重要的投資
判斷做測試，這真的只有傻瓜才會這麼做！」[2]

——泰德・賽德斯（對！就是作者本人啦）

被動型管理的案例

到二〇一九年結束時，過去十年來資本市場的投資報酬
非常好。以美國來說，只是傳統簡單的60%股票／40%債券
投資組合，過去十年的年報酬率即達11%，遠遠超過大多數
法人機構每年7-8%的支出需求。

在這十年間，主動型基金經理人的績效表現，大致上是
落後於大盤指數，美國主動型股票基金經理人的投資報酬率
有87%低於標普500指數。[3]但是這個經常被引用的簡單統計
數字，其實把許多細節都簡化了，其中包括不同的地區因素
還有資本額大小、投資手法與資本結構的差異，都可能影響
主動型投資策略的表現。不過重點還是很清楚。這十年來，

資產管理產業的表現實在不太漂亮。

在這波紛爭中要說贏家，那就是先鋒集團（The Vanguard Group）。先鋒集團在被動型管理界稱王稱霸，也是指數型產品市占率最大的三家公司之一*，現在已成為低成本投資概念的代名詞。從金融危機爆發以來，先鋒管理資產從一兆美元[4]暴增至六‧二兆美元。[5]

關於主動與被動型，孰優孰劣，我在一些公開場合上經常是站在爭論的最前線。二○○七年我跟華倫‧巴菲特（Warren Buffett）開始為期十年的打賭，以五檔高成本避險基金挑戰先鋒公司的標普 500 指數基金。當時卡羅‧盧米斯（Carol Loomis）在《財星》（Fortune）報導這次對戰[6]，我跟合夥人評估勝算高達八成五，華倫認為他的勝算只有六成。

我曾寫過一份報告，公開我當時選擇那些標的資產的理由。[7]二○○七年的股價正在歷史高點，而避險基金似乎是個不錯的選擇，可以滿足機構投資人的支出需求。其實把股票市場和避險基金投資組合做比較，就好像拿蘋果跟橘子相比，兩者的市場曝露、風險分布和稅務規定不盡相同。不過當時看起來，這個賭注似乎下得不錯。

---

* 另兩家是貝萊德（Blackrock）和道富公司（State Street）。

不過總之一句話，避險基金最後結果並不好。這個投資組合從二〇〇八年一月一日隆重登場，才十四個月之後，避險基金就領先大盤約50%。然而等到二〇〇九年三月起，股市接受美國聯準會強力支援，後來的八年九個月，避險基金表現再也沒有哪一季勝過連連飆漲的標準普爾指數。

但是如果現在狀況又跟二〇〇七年完全一樣，我還是敢賭避險基金會贏。稍後討論第二章「決策」時，我會利用其中一些工具來回顧當時決策，以及談到華倫的過程。我現在還是認為，押寶避險基金是個好決定。

不過，我認識幾位業界的聰明人並不同意我的看法。查理・艾利斯（Charley Ellis）是格林威治合夥公司（Greenwich Associates）創辦人，出版過十六本投資專著，他在一九八五年的開創性著作《投資終極戰：贏得輸家的遊戲》（*Investment Policy: Winning the Loser's Game*），首先談到指數化的威力。[8] 他在三十五年前指出：股票市場有這麼多既聰明又拚命的主動型投資人一直為市場投注入大量資金，他們的種種努力在其中相互抵消，最終表現即是指數。因此模擬指數的基金投資組合，才是更好的投資策略。

二〇一六年，查理再出版《指數革命》（*The Index Revolution: Why Investors Should Join It Now*）。從他最早提出指數化

討論三十一年後，再次拿出一系列令人信服的事實來描述同一現象。由於執有證照的金融分析師人數，較前暴增許多，現今資料數據無所不在，兼以現代資訊傳播快速，造成環球對位基金（Counterpoint Global）麥克‧毛布辛（Michael Mauboussin）所說的「技術矛盾」。這是說，投資人的操作技術其實都比過去厲害，但是因為同時有那麼多的高手參與其中，所以相對而言，每個人就不是很厲害。因此要跑贏大盤，就比過去任何時候都更難。

被動型管理的支持者都會說，投資上市股市只是一場零和遊戲。因為每個贏錢的投資人，都會對應到一個賠錢的投資人。而且主動型經理人爭取市場報酬還要收取管理費用，更是讓零和遊戲變成總和是負的遊戲。

主動型管理的案例

理論上來說，被動型管理幾乎是無懈可擊，跟現在法人機構的資產管理也幾乎毫無關係。現在光靠美國股票／債券六四比的簡單投資組合，已經不太可能產生足夠報酬來滿足支出需求。但要找被動型投資組合單挑，也需要一些技巧才會成功。

在股票和債券飆漲十年以後，如此價位的資本市場大概

已經沒有多少甜頭可以期待。各位可以看看二○二○年十月
三十一日為止的幾項指標：十年期國庫券殖利率為 0.9%，標
普 500 指數的股息殖利率為 2%，標普 500 指數預期長期報酬
成長率為 6%。在未來估價乘數（valuation multiples）維持不變的
狀況下，美國六四比投資組合的長期名目報酬率，預估平均
每年大概是略低於 5%。

葛馬奧基金公司（GMO）認為現在估價乘數已高，不可能
繼續維持高檔不墜，因此未來前景恐怕更糟。它的七年期資
產類別預期顯示，市場乘數和獲利率預期可能都會反轉回到
平均值甚至更低。葛馬奧預估六四比投資組合，截至二○二
○年十月三十一日的年度實質報酬率更是 -4%，如果是沒扣
掉通膨率的名目報酬率，則大概是 -2%。

展望未來十年，法人機構會發現按六四比的美國股票／
債券投資組合不會成功。捐贈基金和基金會，通常設定目標
是 5% 實質報酬（名目則是 6-7%）。退休基金的精算報酬率
則是 7-8%。被動型股票／債券六四比投資組合，不管怎麼盤
算，合理的報酬預算都無法滿足支出需求。

此外，要實施超越傳統六四比的投資策略，更需要主動
型決策。投資長必須考慮市場和指數的選擇與占比分配。查
理・艾利斯本人也來參加我們 Podcast 節目兩次，跟大家一起

討論這些挑戰。

查理雖仍堅定支持指數基金管理，但他也指出主動型管理在新興市場更為可取，也許在歐洲也是。要做私募股權和創業投資，也必須慎選主動型經理人。查理對於推廣指數基金非常熱衷，但談到 CG 資本集團（Capital Group）、耶魯大學和先鋒集團的異常成功，也一樣充滿熱情；但他這裡說的先鋒集團不是指龐大的指數基金投資，而是先鋒集團也有一個少有人知的主動型經理人團隊。

最後，我們如果考慮到全世界最成功的資本分配者是怎麼做交易，就能理解被動型管理何以不被採用。耶魯大學的捐贈基金就是個好例子。根據耶魯大學的規定，投資組合分配給美國股票、債券和現金部位僅 10％，允許投資國際股市的比例也只有大概 14％。所以其餘的 76％都沒有什麼既能降低成本又能輕鬆賺取報酬的指數型資產可以選擇。

如果是個別散戶要做那些投資很容易，但耶魯大學要玩的遊戲就完全不同！其實全球各地來參與「資本分配者」的投資長也都是如此。指數基金管理的堅定支持者也許必須考慮一下，為什麼業界一些最聰明的高手會單獨選擇那些不能被指數化的投資策略。難道這些人的智慧都錯了，其實投資不難？我對此是很懷疑啦。

愛因斯坦曾說：「凡事都應該盡可能簡單，簡單到不能再簡單。」我相信主動與被動的爭議中，宣稱主動型管理已然失敗的說法，其實錯失了許多細節差異。主動與被動型投資都是有價值的工具，都能達成到重要目的實現成功投資。

要放棄主動型管理能夠獲致成功的結論，現在為時尚早。但它需要經理人別出心裁的技能和敏銳眼光，資本分配者也要有廣泛的專業人脈才會發現這些技能，而且雙方都必須做足功課才能保持領先地位。這需要熟練的工具、諸多技能和見解，也不全是學術研究找得到。

我這本書討論的都是主動型管理：這些掌管資金王國鑰匙的高手如何分配時間和資本，來滿足各自機構的需求。毫不諱言：未來投資要獲得成功，就需要在資產配置、經理人與證券選擇上做出明智決策。被動型投資無法滿足支出需求，而主動型管理必須面對日益激烈的競爭。對於投資技藝，我們還是要跟以前一樣認真對待。要是不先備齊整套的必要技能即貿然投入，當然是左支右絀，表現欠佳！

各位要是同意我的說法，現在就來談談，那些讓資本分配者獲得最大成功機會的工具配件。

第 **1** 部
工具包

PART 1
TOOLKIT

我 從商學院畢業後加入私募股權石橋公司（Stonebridge Partners），當時負責公司經營的合夥人是鮑伯・雷齊諾（Bob Raziano）。鮑伯也是布滋・艾倫（Booz Allen）顧問公司最年輕的合夥人之一，他在加入石橋之前，在瑞銀集團第一波士頓銀行（CS First Boston）就爬到財務長和行政總監的高位。我記得以前跟他一起去參觀一家金屬紙（metallized paper）廠商，在進行盡責調查時，我對他系統性分解各項業務的能力十分拜服。我問說是不是用了什麼檢查表，他回答說以前在管理顧問公司實習的時候就學會一套工具，可以把公司解剖開來拿尺衡量各個細部。

同樣地，企業投資長也需要一套工具來分解大型資本的複雜管理任務。許多投資長能力高強，懂得傾聽也很會在公開場合發言，精於學習也善於施教，既能獨立思考也能組織團隊，管理團隊和治理委員會一把抓，不管是閱讀、寫作、做算術，全都難不倒。這種優秀人材，就像是美國職棒大聯盟說的五項全能好手（five-tool players；譯按：指安打、長打、跑壘、投球及守備）。

要學會這麼廣泛的技能，需要涉入許多不同學門。我在Podcast 節目訪談的投資長、投資經理人和投資產業以外的思想領袖們，都是傳授實用技能最好的機會。

各位去讀金融分析師證照（CFA）課程、另類投資分析（CAIA）或其他什麼投資課程，都學不到這些經驗教訓。我在第一本書《啟動避險基金：基金經理人與資本分配者的教訓》已經跟大家分享過一些站在最前線避險基金的個案研究，現在這一部分要介紹的，只限於實務上會用到的技能組合。要向大家強調的是，未來這幾章不是對這些主題的完整研究，而是匯集整理我個人心得和節目來賓的經驗教訓。

第一部分「工具包」，探索投資長必須掌握的幾門重要技能：

- 訪談
- 決策
- 談判
- 領導力
- 管理

我們從「訪談」開始，這是資本分配者幾乎每一天都要進行的任務。

第 1 章
訪談

INTERVIEWING

「大家會忘記你說過什麼話、做過什麼事,但絕對不
會忘記你帶給他們什麼感覺。」

— 瑪雅・安潔羅(Maya Angelou)

投資過程的核心互動是一系列的訪談。我做這一行,每天都有兩三場訪談跟基金經理人對話,二十年累積下來,總共上萬次吧。但是過去我還沒做 Podcast 之前,只是把訪談過程當作是任務的配角不是主角。

過去三年,我努力研究專業採訪者,也從製作 Podcast 節目獲得不少經驗和教訓,學會訪談要按照以下程序來進行:

- 設定目的
- 提前準備
- 布置場地
- 主動傾聽
- 接收回饋
- 其他訪談技巧

對投資領域來說，這些經驗和技巧也適用於經理人訪談和背景調查。

設定目的

訪談不是只有聊天談話。聊天對話是我們輕鬆隨意地討論一些事情。如果是在廣播節目上，聊天對話的雙方，你來我往，通常會維持某種平衡。

但訪談是設定目的的談話，大都是由採訪者提出問題，由受訪者回答。資本分配者訪談基金經理人的目的，是要評估經理人的實力、性格並就此收集相關資訊。投資長對於投資某經理人自有一些假設和預期，而訪談就是為了確認這些假設和預期是否適當。每次訪談同時也是為雙方提供機會，讓這些可能持續數年甚至數十年的合作關係得以深入了解和互動，加強信賴感。因此訪談中的任何對話，都必須十分專心和注意。

這個目的雖然聽起來好像很簡單，但我們都參加過很沒效率的會議吧，主持人忙著展現自己的看法和知識，反而把會議目標拋諸腦後。湯姆・布希（Tom Bushey）剛到松德蘭資本公司（Sunderland Capital）開市場會議時發現，大概有三分之二的訪談者淨是數落他的新人新政滑稽可笑，叫他趕快改用他們的方法。

Podcast 上的採訪就更不一樣囉。我做的訪談，其實是跟很多資本分配者討論過很多相同主題，但評估他們的能力或性格並不是我的目標。我要做的是讓投資長和投資經理人說出他們的經歷和故事，而訪談之後，我也不必決定是否要跟他們一起做投資。

其他方式的訪談各有不同目的，也需要不同的技巧。喬恩・魏瑟海（Jon Wertheim）為《運動畫報》（*Sports Illustrated*）和《六十分鐘》寫稿，做了二十五年的採訪工作。他做採訪寫成故事，為電視台做娛樂節目，也有為新聞節目調查事實。如果是做採訪寫報導，喬恩必須挖到亮點。半小時的訪談，就算前二十九分鐘都很無聊，只要最後挖出一個亮點，他的任務就算完成啦。在訪談過程中，他也許故意表現出無聊、興奮甚至是挑釁，這種種手段，都是為了要找到那個亮點。

他做的電視採訪就剛好相反。電視媒體需要維持某種節奏和流暢，這跟內容一樣重要。要是採訪者和受訪者常常爭執插話，收視狀況必定很糟，這時候內容再精彩都沒用。

調查式的新聞採訪又不一樣。為新聞報導做調查需要更深入探索和口訪詢問的技巧，這當中的實質內容比採用什麼風格更重要。

而資本分配者為了評估做訪談，所需要的風格和技巧，也跟製作 Podcast、寫採訪故事、電視節目或新聞調查不一樣。不過也有一些技巧，是不同領域也能共用發揮效果，幫助資本分配者提高評估技能。

提前準備

作為組合基金（fund of funds）的聯合投資長，我坐在經理人和客戶之間，常常發現有些訪談事先完全沒做準備，實在讓我非常驚訝。能夠跟經理人面談的時間總是有限，因此如果只是問些提前做功課就知道的資訊，實在是浪費時間又沒效率。

預做準備，讓雙方對話更為融洽流暢，即可產生很好的互動。訪談界的傳奇人物賴瑞・金（Larry King）和卡爾・福斯曼，各有不同方法，但都要靠詳實的準備功夫。賴瑞・金

會先仔細研究調查，為採訪制訂大綱。但他在採訪之前，並不會先提出要問哪些特定問題。[9] 福斯曼的調研功夫則是先想出一大串採訪要問的問題，再從中挑選自己最想了解的主題，並仔細閱讀相關資料，但是在實際做採訪的時候，就不會按照這個清單來進行囉。他對於採訪的規畫，並不執著在某些特定問題上。[10]

我因為採訪次數很多，所以每集節目的準備程度也各有不同。剛開始那幾集，我的準備是過度了。我事先擬定一大串問題，實際訪談時也不時參考這份清單。在實際訪談時，這份問題清單就變成很有分量的定錨。我時不時偷看小抄，確保不會遺漏重點，結果注意力因此分散，後頭只問些老生常談的問題。準備過度，讓採訪陷於僵化死板，反而讓我難以融入現場，對話也不能順暢發揮。

我愈能跳脫原先準備的題目，就愈相信自己直覺能在對話中抓到問題。有一次我太過自滿，完全沒準備就上場採訪。雖然那次準備不足，但最後也混過去了，但我知道要是之前做好準備，訪談工作也必定能做得更好。後來我在擬定流程大綱和太注重細節導致死板僵化上找到最佳平衡點，讓訪談既有組織又能保留足夠的開放空間，雙方對話才會自然流動。

資本分配者也一樣可以在開會前先做功課，深入探索主

題領域。準備工作包括閱讀所有可得資料和過去會議記錄，先確定會議目標、安排進程以掌握相關資訊。我在書後的「附錄A」會跟各位分享訪談大綱範例以及類似卡爾‧福斯曼擬定的問題清單，那是跟某位多空對沖股票操作的避險基金經理人首次開會所做的準備。

不過會議目標可能各自不同。在初期階段的會議，重點大概是在收集資訊和了解主要參與者。如果是跟投資組合中的長期經理人見面，也許是會深入討論特定投資主題或組織等相關問題。其實每次會議都可能需要提出不同問題，具體來說，是根據投資策略、團隊和適合執行策略的流程與風險等因素來決定。

資本分配者也要考慮會議本身的組織安排：雙方誰參與、由誰帶領提問，以及他們會如何理解口頭回應和身體語言。如果經理人訪談是跟多人進行，整個團隊就需要分工進行更多任務，分別由專人負責提問和會議進行，關於行為與風格評估，另由旁人關注。

布置場地

經理人訪談是為了收集資訊，屬害的資本分配者就會創造出有利於獲取更多資訊的環境。我們都是在身心放鬆時更

樂於開放展示。因此訪談的實體環境，也是決定討論基調的重要因素。

經理人會議大都是坐在會議室桌子兩側面對面，這種場地設置是屬於直接對抗型。隨著時間的累積，資本分配者也會找到其他方式與經理人共度時光。史考特・馬帕斯（聖母大學捐贈基金退休執行長）就常常邀請經理人一起去看聖母大學的足球賽。另類投資管理公司（Alternative Investment Management）的喬恩・哈里斯（Jon Harris）進行資本分配之前，會找相關經理人帶著另一半或其他重要的人一起吃晚餐。也有一些投資長會邀請經理人一起去健身、運動或參加文化、慈善活動，藉以深入了解對方的性格。我以前曾跟某經理人一起打高爾夫球，看到他對待桿弟十分糟糕之後，就放棄與他有關的投資。那次小比賽也讓我知道，為什麼他的公司人事流動居高不下，令人不安。

除了實體環境之外，資本分配者在訪談時的語氣與作風也會影響經理人的開放程度。資本分配者可以考慮以下這些方法，都有助於培養良好的會議氣氛以增進溝通效率。

1. 找到共同點

我們都喜歡接近跟自己一樣的人。要是在會議開始後能從各自的背景、關係或興趣中發現共同點，就能把原本業務

氣氛轉變為關係導向，創造神奇效果。

2. 提問要簡單扼要

喬恩・魏瑟海發現，在各種提問方式中，簡單扼要，一向最有效。他指出：

我花了太長時間才知道，有時候少即是多，簡單地提問，讓交流主題慢慢填滿沉默，這比喋喋不休證明自己有理有據還要好。

他進一步建議，不必刻意賣弄自己做了多少研究又有多聰明，這種誘惑很常見，一定要避免。各位請記住，訪談畢竟是人與人之間的連結。

3. 從如何、什麼、爲什麼開始問起

以「如何、什麼、為什麼」等開放式問題開始，為經理人發表意見提供空間。在問題表達方式上鼓勵經理人的答覆得以超越問題的囿限，那麼除了問題本身以外，還能收集到更多資訊。

4. 鼓勵對方多說話

我叔叔常說：「你有兩隻耳朵一張嘴，所以你聽話要比說話多一倍啊。」要是你讓對方多說一點，你聽到的事情會多到讓你驚訝。進行訪談的目的如果是為了學習和理解，那

麼資本分配者應該多聽少說。

5. 態度謙虛

投資不能太愛面子，再厲害的經理人也要放下身段。資本分配者也一樣要謙虛。最好的訪談者不怕提出淺顯的問題。為了更深入理解基本狀況而要求對方幫忙，也是博取好感的方法。

6. 保持好奇心

資本分配者的工作帶來不斷學習的好機會。從好學求知而非評估的角度出發，在訪談中可以充分吸收經理人提供的所有資訊。嘉德納・盧梭（Gardner Russo & Gardner）投顧公司的湯姆・盧梭（Tom Russo）很厲害，他特別注意訪談時的對話細節。要是聽到什麼讓人感到意外的事情，通常就會暗自記下，不怕日後忘記。

7. 適時拋開大綱

訪談對話能否順利流暢，其實難以預期。雖說準備完善，需要擬定大綱和問題列表，但若只懂得按譜操作照本宣科，對話時反而容易分散注意力，疏忽經理人答覆中的重點和疑問，無法及時提出聰明精到的問題。

主動傾聽

做好準備、開始進行會議，優秀訪談者即是優秀傾聽者。查理・艾利斯（格林威治合夥公司創辦人）談到 CG 資本集團的成功，特別強調傾聽的重要性：

> 約翰・洛夫萊斯（John Lovelace）很熱衷幫助大家學習傾聽。這不只是聽對方說了什麼，而是要聽懂那是什麼意思，和以前說的又有什麼不一樣。要了解各家公司，耐心傾聽必定大有助益；要跟別人合作為基金做決策時，傾聽也很有效果。[11]

用心傾聽以學習和理解，是成功訪談的關鍵。仔細傾聽，專心致志，讓你充分掌握當下，雖然還沒回應卻已注意對方說了什麼。這時若突然盤算起什麼想法，反而會阻礙傾聽，因此不能任由腦子天馬行空，胡思亂想。訪談的主動傾聽有以下幾個重點：留心干擾、鏡像概念、驗證運作和同理心。

1. 留心干擾

專注傾聽的時候，不讓雜亂思緒無端干擾，可是相當不容易。就跟我們練習冥想一樣，要時時注意思緒的漂移，把它帶回對話之中，訪談者才能專注傾聽對手說了些什麼。

2. 鏡像概念

我第一次接觸鏡像（Mirroring）概念，是大約二十年前在哈維爾‧韓崔斯（Harville Hendrix）的關係研討會上。後來我發現尋常對話、配偶關係、商業決策甚至是人質談判等等溝通的核心原則，都包含著相同的鏡像概念。而訪談經理人，也是運用鏡像概念的實例。

所謂「鏡像」，就是模仿對方講話，雖然聽起來好像很簡單，實際做起來並不容易。掌握訪談對手剛剛說的話，常常就會自然而然想到好問題繼續發揮。這時候如果重複一些他們剛才提出的想法，你不但確保自己用心傾聽，也讓他們確認自己被聽見。鏡像如同運用神經共鳴（neural resonance），讓對話步調緩慢下來，緩和情緒觸發。結果就能創造出神奇的安全空間來進行溝通交流。

3. 驗證運作

驗證是讓對手確認自己所言合乎邏輯的過程。不管你是否同意他所提出的觀點，你都可以確認他們的思考過程合乎理性。

有效驗證必須加以呈現。但我們跟受訪者的發言與反應，常常有不同看法。驗證訣竅即在於，我們確認其觀點但不必附和認同。

4. 同理心

表現出同情同理的情感，會讓受訪者敞開心胸來討論一些比較難以啟齒的話題。同理心與投資人在金錢世界的預期剛好相反，因為這不是算計籌謀而是觸及情感。

接收回饋

專業投資人大多數不會經常收到回饋意見，這跟其他高績效領域的參與者形成鮮明對比。比方說運動明星有教練陪伴，企業高層有董事會審查，但投資經理人常常是在自己的小泡泡之中，單打獨鬥。

我在 Podcast 做的訪談，只有兩位來賓特別要求我對其表現提供回饋意見。你說是哪兩位嗎？以前在撲克大賽拿冠軍、也是暢銷書作家安妮·杜克（Annie Duke）和部落格「法南街」（Farnam Street）創辦人尚恩·帕里斯（Shane Parrish）。這兩位都是人類行為和決策議題的專家。正因對此學有專精，所以他們都曉得吸收回饋很重要。

對訪談進行事後分析，可成為 Podcast 和投資的珍貴工具。我做的網路訪談都是錄音後才播送，所以我有機會事後再聽一次並進行檢討。我也常常收聽自己做的採訪，這樣才能發現一些不斷在改變的缺點，我也常常請別人來收聽並提

供意見。我常常在自己的聲音、提問失誤或講話吃螺絲中，發現一些不同的變化。我發現一次問兩個問題，來賓常常只回答第二個問題，所以提問簡短一點，可以避免影響來賓的回答。資本分配者也可以跟團隊一起檢討訪談經理人的情況，討論他們的表現。

其他重點技巧

還有一些最有效的訪談技巧，是跟個人背景有關。五個為什麼、來賓最喜歡的問題以及運用訪談進行背景調查，都是投資長最有用的工具。

1. 五個為什麼

日本製造業在全球的表現，數十年來一直是最好的，其中豐田汽車更是以生產系統聞名世界。我在商學院讀過豐田的個案研究，其中有關於「五個為什麼」的討論。這是生產線經理為了釐清問題根源，連續以「為什麼」追探五層原因的方法。豐田汽車公司前副社長大野耐一，是一九五○年代開創豐田生產系統的先驅，他提供以下範例。[12]

1. 為什麼機器人停下來？
因為電流量太大，燒斷保險絲。

2. 爲什麼電流量太大？

由於軸承潤滑不足，因此整個鎖死。

3. 爲什麼軸承潤滑不足？

因為機器人的潤滑油泵送油不足。

4. 爲什麼潤滑油泵送油不足？

因為送油嘴被金屬碎屑堵住。

5. 爲什麼送油嘴被金屬碎屑堵住？

因為潤滑油泵沒裝過濾網。

大野範例中的每個問題都承接前一問題的一部分答案。這「五個為什麼」，即是從日本的「改善法」（kaizen）持續改進概念而來。

2. 最喜歡的問題

資本分配者可以藉此方法探查經理人成功投資的關鍵驅動因素。有些熱門話題可以探討經理人的激勵因素、競爭優勢、自我認知、企業文化、競爭態勢和未來期望。資本分配者巧妙提出隱藏思考深度的簡單問題，就能獲得有用的答案。參加我節目的來賓分享一些他們最喜歡的問題如下。

那些沒有署名的，有些是我提出的。

a. 激勵誘因

- 「現在還覺得有趣嗎？」——亞當・布利茲（Adam Blitz）
- 「你的個人資金怎麼做投資？」

伊文斯頓資本公司（Evanston Capital）的亞當・布利茲，用一個普通問題來判斷動機是否持續。他傾聽答覆來檢測經理人對於投資業務的熱情和參與程度，也注意他們選取哪些內容來回答。

精確調整激勵，對維繫外部經理人關係是件大事，而經理人的個人投資與客戶狀況，則是展現激勵調整最直接的方式。對於經理人應該投入多少資金才適當，各方觀點頗有差異，但大多數人都同意，金額一定要夠大，也有助於調整風險承受能力。普林斯頓大學投資管理公司的安迪・高登（Andy Golden）表示，這麼一來，相關各方才得「胃口一致」（alignment of appetites）。探索經理人其他個人投資也得以略窺他們的風險承受能力，同時看看，還有什麼其他有潛力的投資機會。

b. 競爭優勢

- 「你的超能力是什麼？」——馬利歐・賽里恩（Mario Therrien）
- 「你有什麼優勢？為什麼它可以持續下去？」——比爾・史畢茲（Bill Spitz）

- 「有什麼動力讓你繼續堅持下去？」——派崔克・歐夏尼斯（Patrick O'Shanghnessy）
- 「你有什麼優點可以儘管大吹大擂，不怕顯得太傲慢？」——傑森・卡普（Jason Karp）

要套出經理人與眾不同的特異之處，光靠生硬死板的問題恐怕難以奏效。唯有深思熟慮精心打造的提問，才能成為經理人展示方法與專業上細微差異的好機會。

c. 自我認知

- 「你的合作夥伴給過什麼最好的回饋或批評？你又如何運用這些經驗教訓？」——克利斯・杜渥斯（Chris Douvos）
- 「有什麼問題想問我嗎？」——道格・菲利普斯（Doug Phillips）
- 「你以前的合夥人／分析師會怎麼評價你？」

優秀的經理人都有自知之明，而且不斷強化改進。關注他們在整趟旅程中所在位置的問題，可以幫助資本分配者了解他們的心智靈活程度。羅徹斯特大學捐贈基金會的道格・菲利普斯，在訪談最後會拋出那個問題看似尋常，其實也是在試探經理人是否天生帶著一股好奇心。

d. 關於過程

- 「有什麼想法是你做了很多研究，最後卻沒納入投資組合的嗎？」──布萊恩・波諾伊（Brian Portnoy）
- 「在你的投資組合中，有哪個部位最不能代表你的投資風格？」──傑森・克萊恩（Jason Klein）
- 「能不能說一個大慘敗的經驗？」──珍妮・海勒（Jenny Heller）
- 「有什麼事情是你希望十年前就知道的嗎？」──馬克・鮑加納（Mark Baumgartner）
- 「經理人都嘗過被解雇的滋味吧。最近有什麼客戶終止跟貴公司合作？為什麼？請舉三個例子。」──查理・艾利斯（Charlay Ellis）

塑造財富公司（Shaping Wealth）的布萊恩・波諾伊和史隆・卡特林癌症紀念中心（Memorial Sloan Kettering Cancer Center）的傑森・克萊恩都針對具體狀況，從經理人公開的投資過程考查其紀律與一致性。白蘭蒂恩集團顧問公司（Brandywine Group Advisors）的珍妮・海勒和普林斯頓高等研究院（Institute for Advanced Study）的馬克・鮑加納都喜歡詢問過去的失敗經驗。珍妮特別強調「大慘敗」比較引人注意吧。查理・艾利斯則是要求舉三個例子，如果只問一個的話，答覆也許太過制式和簡單，而且這也是在詢問他們對某些事情的學習過程，像這種話題的教育效果，有時候很容易被忽略。

e. 團隊動態

- 「貴組織有什麼特點可以創造出社會資本（social capital）？」——金·盧（Kim Lew）
- 「你平時做什麼休閒娛樂？」——瑪格麗特·陳（Margaret Chen）
- 「你是怎麼做決策的？」——吉姆·威廉斯（Jim Williams）
- 「曾經碰過什麼人際衝突，又是如何處置？」

團隊是複雜的有機體。了解團隊的正式互動和一些非正式規範，可以幫助資本分配者確認企業是否穩定、長壽。

哥大投資管理公司的金·盧，從社會規範探索來深入了解組織文化，她想知道這個組織會獎勵哪些事情。有時候公司認為加班苦幹足為模範，有的認為幫助他人、提供回饋、訓練分析師值得鼓勵，也有的喜歡阿諛奉承上司長官。

康橋匯世（Cambridge Associates）投資公司的瑪格麗特·陳，會在訪談結束時讓經理人來個措手不及，這種問題常常能得到一個沒有事先排練的答案。她問這個問題是想知道，對方喜歡什麼活動、會怎麼進行、如何體驗這個世界。她認為那些「生活、飲食和呼吸都是投資」的人讓人很擔心，因為那股熱情形成一個泡泡，把他們整個人都包在裡頭。

吉姆‧威廉斯提出的簡單問題，至少可以繼續追問五個「為什麼」。他的後續提問探索整個團隊的一致性、投入程度、如何解決彼此差異、組織的層次結構、思考的穩妥與多樣性以及決策過程是否可重複。他要找的組織，是每個成員都理解整套流程也都願意按程序操作。

f. 未來期望

- 「你這套策略在什麼情況下會表現不佳？碰上這種狀況要怎麼處置？」——賽斯‧馬斯特（Seth Masters）
- 「如果五年內無法達成期望，你事後會如何解釋？」——珍妮‧海勒（Jenny Heller）
- 「你所說的成功要怎麼定義？」——湯姆‧萊勒漢（Tom Lenehan）
- 「你的策略能量如何？當你可以發揮能量時會準備做什麼？」——東恩‧菲茲派崔（Dawn Fitzpatrick）
- 「對一套投資策略來說，回檔幅度多少還算是正常能量釋放？」

資本分配者對基金的量化評估可以跟經理人的期望互相比較以求改進，確保評估在同一基準上。

g. 競爭對手

- 「如果畢生積蓄要投資給一位同業，你會選誰？為什麼？」——東恩‧菲茲派崔（Dawn Fitzpatrick）

- 「有哪些地方，你比ＸＸＸＸ（競爭對手名字）做得更好？」

有關競爭態勢的提問，資本分配者可藉此機會摸索，並確實掌握經理人的相對優勢。

3. 背景調查

在盡責調查過程接近尾聲時，資本分配者也要對經理人做詳盡的背景調查。最後這幾次訪談是要確定對團隊人員與流程的信賴，彼此微調期望，希望合作關係有個好的開始。對於公開市場經理人的調查，通常側重在個性和期望。如果是私募市場的經理人，還要探討經理人對先前投資結果帶來多大影響。

跟訪談經理人相比，設置背景調查必須創造出一種更加微妙的不同動態。背景調查通常是打電話問幾位推薦者，這些人跟資本分配者原本不認識，而且雙方很可能不會再次互動。推薦者通常跟經理人更加親近而非資本分配者，他們都有自己的偏見和意圖，因此對他們表現出來的肯定與支持，資本分配者必須有所保留。

不過，推薦者儘管對經理人的看法有所偏頗，周密詳察的資本分配者還是要根據名單打電話詢問。我發現一些推薦者並不常接到查詢電話，實在讓我驚訝，尤其是針對一些很

受歡迎的經理人，資本分配者也許更需要仰賴眾人的智慧。有時候也會發現，名單上的推薦者在分享他們對經理人的看法時並不顯得那麼熱情。如果是特地選出的少少幾位推薦者，還表現不出高度熱情，也沒有合理原因可循，資本分配者可能需要先退後一步，再詳細深入調查比較好。

資本分配者對名單上推薦人提出的最重要的問題，大概就是《法人投資機構》（Institutional Investor）的吉普·麥克丹尼（Kip McDaniel）對每個受訪者都會提出的問題：「關於這件事，我還應該找誰談談？」找名單之外的參考人可以減少偏頗觀點，有助於發現任何潛在問題。

資本分配者可以考慮設置三百六十度的完整視角，分別詢問經理人的前任老闆、同事和部屬。我個人最喜歡的訪談對象之一，就是經理人以前的行政助理。*

參考人提供的資訊愈少抹脂塗粉，資本分配者就愈能接近客觀真實。我有一次甚至打電話詢問某經理人的前女友呢。我不會說她很高興接到這個電話，不過我可以告訴各位，她對前任男友的看法，讓我們最終確認了投資論點，最後這筆投資帶來豐碩成果。

---

* 這種調查電話交給我的行政助理來打，效果尤其好。

背景調查的問題像是柔道一樣，要靠自然形成的動能讓受訪者自己揭露資訊。以下即是一些很好的例子：**

- 你為什麼要來當推薦人？
- 如果他有盲點，可能是什麼？（最好先問「如果他有超能力，會是什麼？」再繼續問這一題。）
- 反對者對他有什麼批評？
- 以前的同事為什麼會談到某某事？（某某事指某個關注焦點）
- 現在如果是換成你問我，你會想問什麼問題？
- 你會給他們什麼建議？
- 你會把自己爸媽、阿公阿嬤的錢托付給他嗎？

總結

我以前工作是尋找優秀的投資經理人並給資本分配者適當建議，過去這幾年也常常重操舊業。有一次，我以投資委員身分代表某基金會訪談某位投資經理人。但我沒採取過去擔任資本分配者常用的評估式訪談，而是像在做 Podcast 的訪問那樣，自然而然地開展話題。我們先聊些私人問題，再冷靜深入檢討一些投資計畫，然後又討論到策略議題。我主動

** 這些例子是我在推特貼文詢問獲得的回答。對於這些觀眾來說，推特可說是收集眾人智慧的百科全書。歡迎大家跟隨追蹤，一起互動：「@tseides」

傾聽、採用鏡像技巧，追根究柢詢問原因，探索投資組合中的關注話題。讓我非常驚喜的是，這次訪談成果的收穫很大，獲得的資訊比之前訪談更加豐富。

投資團隊每天都會找經理人做訪談，連續不斷地做準備、布置場地、傾聽和回饋，對於提升訪談技巧很有幫助。

一次又一次訪談經理人，讓資本分配者掌握豐富資訊，以決定聘用、保留或更換經理人。要做出正確決策的過程可不容易，因此每個環節都要特別留意，確保所有訪談不會白費功夫。

了解更多

Podcasts

提姆・費里斯秀：採訪大師：卡爾・福斯曼和傾聽的力量（第 145 集）

投資最高手：黑桃 A，訪談艾瑞克・馬多斯（第 15 集）

專書

哈維爾・韓崔斯《得到你想要的愛》（*Getting the Love You Want*）

第 2 章
決策

「要是連丹尼‧康納曼自己都會犯下這些行為錯誤，
我德魯‧迪克森怎麼不會？」

——德魯‧迪克森

　　過去在二〇〇七年的時候，我有個好朋友帶著團隊做盡
責調查，對象是某經理人操作的歐洲避險基金。那個經理人
以前是索羅斯基金管理公司（Soros Fund Management）的投資組
合經理。我的朋友也是某大型組合型基金的研究部門主管，
他做的調查非常嚴密周詳。事實上，這個團隊因為工作太深
入，有些經理人笑稱，簡直像是做了直腸鏡檢查。

　　我的公司幾年前也曾提供種子資金給這家避險基金，它
後來表現優異強勁成長，資產規模超過十億美元。我看到朋
友和他的團隊收集的基金資訊比別人豐富，也深入了解經理
人和他的做法，在調查過程中確認每一個細節。我從沒看過

調查工作做得那麼周到細致，一絲不苟。

在調查過程中，他發現基金報酬的波動落差很大。按過去的資料來看，好友的公司比較喜歡報酬率穩定的經理人。當我們討論波動也許太大時，他說公司的投資委員會正在想辦法提升投資組合的戰力。

儘管手上掌握到這些資訊，投委會還是批准這筆大額投資。結果那個基金沒多久就碰上困難，不到一年，公司隨即贖回出場。後來我一直在想，投委會那天開會到底是出了什麼狀況。

·　·　·

儘管訪談經理人和盡責調查能收集到各種資訊，但資本分配者的決策要是不遵循有效過程，那麼一切努力都是白費功夫。

而問題在於：我們天生就會做出錯誤決策。

行為經濟學的研究揭露這一連串的不幸。人類大腦是為了野外求生而設，遠古世代「戰或逃」的反應即是生與死的區別。丹尼爾·康納曼（Daniel Kahneman）在其著作《快思慢想》（*Thinking, Fast and Slow*）把這種行動本能稱為思維「系統一」。[13] 我們做出的決策大多數即是來自本能反應。只有在偶爾狀況

下我們才會自覺地轉向思維「系統二」，也才有能力仔細處理資訊。

投資長力求遵循穩健合理程序，儘可能運用即時可得資訊來掌握真相。這套原則就是安妮・杜克聯合創辦非營利組織「決策教育聯盟」（Alliance for Decision Education）的訴求標語：「探索真實，遵循真實。」[14]

我們要先了解，做出好決策為什麼如此困難，再來討論怎麼改善決策流程。

爲什麼這麼困難

安妮・杜克是撲克牌界的傳奇高手，《高勝算決策》（*Thinking in Bets*）[15]和《如何做決定》（*How to Decide*）[16]的作者，在決策實驗台，也就是撲克牌賭桌上縱橫二十年。她每次面對手中的撲克牌，就是要採取行動也即時獲取回饋，這讓她有許多機會評估自己的決策過程。

安妮對決策領域深入鑽研，她知道我們為什麼會做出錯誤決定。決策也像是在世界各種運作模式中下賭注。投資長決定買進某支股票或基金，就是相信這項投資的表現會比其他選擇更好，也就是把賭注押在自己相信的事情上。

但人類形成信念的方式是違反直覺的。有人可能以為，我們聽到某個想法，會先思考它的正確與否，然後形成一個假設。但大腦運作方式並非如此。剛好相反，我們聽到某個想法是馬上運用思維「系統一」決定它是正確，然後才可能再轉向思維「系統二」來檢查這個想法。

　　信念是根據事實或預測來形成，但我們處理事實和做出預測的能力都相當有限。安妮指出：確認偏誤（confirmation bias）、動機推理（motivated reasoning）和部落識別（tribe identification），是最可能形成錯誤信念的三種有害方式。確認偏誤是一種常見的行為缺陷，指的是我們只會注意和強調那些符合現有觀點的資訊。麥克・毛布辛（環球對位基金一致性研究總監）說：「假如你在投資產業但從沒被確認偏誤騙過，那就是不夠投入嘛！」動機推理則是走極端的確認偏誤，指投資人努力抹黑排斥與其信念矛盾的資訊。最後一個是，我們跟「部落」的關係會影響觀點和看法。身為投資人，可能是屬於價值投資派（部落）、趨勢跟隨派或長期投資派。任何不是自身派別出現的資訊，我們可能都直接排斥不予採信。

　　光是意識到自己的偏見還不足以消除錯誤模式。我們還受限於結果（resulting）、自利（self-serving）和事後之明（hindsight）等偏誤，要提升決策過程的能力可說是受到重重抑制。安妮說的「結果」偏誤是指，評估他人時把好的決定與好的結果

混為一談。當資本分配者看到經理人有好表現,即認為是經理人做出正確決定;看到糟糕表現,認為一定是因為做了糟糕決定。就像仲裁者合夥公司(Arbiter Partners)的保羅‧艾塞克(Paul Isaac)嘲笑部分經理人推卸責任和吹噓:「下跌就說是波動誤差,但上漲的誤差算是操作績效。」投資人也都帶有自利偏誤:好事都是因為自己很厲害,壞事就說是別人的錯。好的決策過程卻出現壞結果,需要思維「系統二」才能明辨是非;如果決策過程亂七八糟卻因為運氣好而出現好結果,這樣誤打誤撞就更難清楚察覺。事後之明偏誤妨礙我們準確評估過去的決定,因為投資人在潛意識中可能扭曲決策真相。資本分配者通常是又聰明又深思熟慮,不幸的是這只會讓他們更加頑固,愈聰明就愈會合理化現有信念,把動機推理做得更完美,更加固執己見。

不過判斷經理人是否值得投資,不像玩撲克牌那樣必須即刻做決定,大家或許以為資本分配者的時間壓力稍有緩解。然而,就算沒有時間緊迫的限制,決策也一樣會受到偏見影響。

而整個團隊或委員會要一起做出正確決定,其實更是個複雜的挑戰。團體動態會影響獨立思考和察覺真相,而這兩個,正好是做出正確決策最重要的先決條件。

投資長通常會有一個團隊在運作,所以我們就來看看,

團隊如何提升決策過程。

做出更好決定

在這方面，我有好消息要分享也有壞消息要提醒大家。

先從壞消息說起吧。就算我們知道自己各種惡行劣跡和錯誤模式，還是照樣會做出錯誤決定。不管康納曼的書讀過多少次，在 Podcast 聽過多少次安妮的提醒，照樣會犯同樣的錯誤。艾伯布吉資本公司（Albert Bridge Capital）的德魯・迪克森（Drew Dickson）很敏銳地發現這一事實，本章開頭引文就很聰明地說出這一點：就算有此自知之明，也難以改變他怎麼做決定。

好，深呼吸冷靜一下。

現在說好消息。好消息是這種認知會逼我們設計出一套系統來減少錯誤發生。我們雖然難以改變大腦運作方式，還是可以採用新方法來思考資訊，努力找到準確呈現真相的方法，了解自己體驗到的可能只是眾多結果之中的一種。這兩種心智模式讓我們得以開放心胸來面對不確定性，避免過度自信，並鼓勵相反的意見。

投資長可以針對兩個方面來改善決策過程。首先是團隊

的組成結構必須細心規畫。搞定團隊結構後，再著手添加決策過程的步驟，這樣可以提升正確決策的機會。

1. 組成結構

設定團隊結構，是穩健合理決策過程的基礎。要發掘和調整投資決策準確度等各種可能結果，依靠團隊群策群力比單一個人更有效率。但是這其中也要特別注意，因為一個結構欠佳或管理不善的團隊，萬一出現行為偏誤可能更加嚴重。

團隊的規模、連貫性和多樣性，都會對投資長的決策效率產生重大影響。

a. 最佳規模

投資長帶領的大都是公司內部的小團隊，人數規模不一。麥克・毛布辛（環球對位基金一致性研究總監）引用研究指出，決策團隊的最佳規模是四到六人。安妮・杜克則認為，只有三人的團隊就能發揮很高的效率。

b. 連貫性

團隊在一起合作愈久，投資長在決策上就愈能發揮功能。工作上更多重複鍛練，讓團隊能夠發展成組織知識，對決策過程也得以增強信心。隨著時間的累積，有能力和財力留住重要成員的投資長，像是大衛・史雲生和史考特・馬帕斯（聖母大學捐贈基金退休執行長）等，就是最成功的

投資長。

c. 認知多樣性

理想團隊是具備認知多樣性，受益於不同思維的成員。認知多樣化的團隊成員可能來自不同的背景、訓練、經驗和個性。社會多樣性（包括族群、性別、年齡和民族）也可以提供很多不一樣的生活經歷和觀點。有趣的是，社會多樣性未必帶來認知多樣化。良好決策的關鍵是培養成員思維方式不同的團隊，而不是大家外表看起來不一樣，但思維方式都一樣。

成員多樣化會帶來一些好處，但對團隊凝聚力也會帶來挑戰，投資長要注意其中的微妙分界。認知多樣性一定是把不同族群的成員聚集在一起，但是他們各有不同的行為規範，很可能本能上對彼此帶有偏見。瑞特創投（Zetta Ventures）的艾雪・馮大拿（Ash Fontana）就是盡可能吸收不同文化背景的人進入團隊。

要彌合多樣性帶來的分歧，提升凝聚加強團結可說是一項挑戰。麥克・毛布辛（環球對位基金一致性研究總監）建議要找高「RQ」的人，也就是「理性商數」（rationality quotient）要高。理性思考者了解認知多樣性的好處，比較願意接納差異。集合一支高「RQ」、認知多樣化的團隊，

工作起來才會順利。所以說，構成團隊的方式也會決定它能否成功。

2. 行為表現

團隊組成後，運作過程即會顯著影響團隊表現。穩健合理的決策過程是鼓勵認知安全（cognitive safety）、獨立思考和行為意識。

a. 認知安全

團隊成員必須先對自己扮演的角色感到安全，才會說出不一樣的看法。這種安全感大都是來自團隊的領導者，他們透過自己的言語和行動為團隊定下基調。惠利特基金會（William and Flora Hewlett Foundation）的安娜·馬歇爾（Ana Marshall）提醒團隊說：「據理力爭、謙虛傾聽，而且要樂意改變自己的想法。」鼓勵大家拋開顧忌，勇敢表達獨立觀點。

團隊成員在意識和潛意識層面上都很關注。厲害的領導者能夠召集眾人一起合作，鼓勵跳脫束縛限制的思考，萬一遵循良好流程卻得到不良結果時也不要輕易責怪他人。

b. 獨立思考

群體決策過程中的對話順序可能顯著改變結果。大家如果太過顧慮領導者的看法或先聽到公認的專家發表意

見，其他團隊成員的獨立觀點也許就會受到壓抑。例如有創投專家出來力挺某個新經理人的投資機會，其他團隊成員就比較可能聽從專家意見，不敢表達他們原本有所保留的看法。

厲害的領導者在進行會議時，會運用自己的信念來感染他人。首先，他們會讓資格最淺或最不了解狀況的團隊成員先開口。其次是謹慎引導談話，避免讓那些魅力四射的外向者獨占話題，必須鼓勵內向者也能夠平等參與。第三是，先讓小組中其他人有機會發表意見，領導者先不發言。第四，對於不確定的事情須以機率數據來表達，並且歡迎大家提供情報。最後是在進行決策時，他們會運用投票系統，避免受到社交認同（social proof）壓力的影響。

c. 行為意識

每個團隊成員都會帶來各自的偏見，要是大家都能了解彼此的偏見所在，就可以更有效地找到問題核心，不受這些干擾。

金‧盧要求團隊成員開列個人清單，寫出可能妨礙他們客觀評估投資的因素。在什麼時候願意承擔過度風險，或者錯失某些本該追逐機會的原因可能是什麼？她不但要求團隊列出自己偏見，還要求他們提出想法來幫助自

己平衡這些偏見。有些人對於某個資產類別太過自信，就需要有人出來踩剎車；有些人也許過於厭惡風險，判斷上需要一些鼓勵。團隊成員要是都能意識到彼此的偏見，大家就能一起完成更好的決策。

留心其他常見的偏見，可以幫助投資長排除一些決策障礙。投資長要對抗一些本能反應，提醒成員應該關注的是想法的優劣而非提供者的身分，這是為特定族群提升可信度。投資長也要注意團隊成員在本能上如何處理不好的結果，鼓勵成員要專注在事實並遠離情緒反應。

3. 思考過程

搞定團隊的結構和行為規範，投資長可以著手建立檢查清單，臚列投資決策必須考慮的諸多條件。其中包括：機率思考、基準比率（base rates）、風險評估、檢查偏見和引導回饋。

a. 機率思考

優秀團隊運用機率做表達。安妮・杜克在《高勝算決策》中指出：要是有人把觀點陳述當做既成事實，她建議大家用「要打賭嗎？」來挑戰。要他們下賭注就是叫他們負起通常被忽略的發言責任。受到挑戰後他們的思考本能會從「系統一」轉換到「系統二」，由原本確信不疑轉為不確定。鮑伯・魯賓（Bob Rubin）在他著名的高盛

公司風險套利交易室有一條規則：要談投資就須採用期望值機率樹狀圖做架構來討論。*

若要在兩個選項中做重要決定，安妮在《如何做決定》書中建議採用六步驟決策程序。針對每種可能性制定決策矩陣，其中包括：一、所有可能的合理結果；二、每種可能結果的報酬；以及三、每種結果的發生機率。透過六步驟鼓勵反事實思考（counterfactual thinking），決策者的視野不會侷限在最可能發生的結果，可以一併考慮多種可能性。

b. 基準比率

考量基準比率即是援用「外部觀點」，這對減少過度自信非常有效。

我們做投資決策的時候，大都是根據「內部觀點」。我們會針對某個投資機會收集相關資訊，深入展開盡責調查，運用我們的經驗和判斷，並對未來可能進行評估。

或者是採用外部觀點，參考過去類似情況的統計樣本。

---

* 這個交易室歷來訓練出好多避險基金的大人物，包括：湯姆・史戴爾（Tom Steyer；法拉隆資本公司「Farallon Capital」）、李察・派瑞（Richard Perry；派瑞資本公司「Perry Capital」）、法蘭克・布洛森斯（Frank Brosens；泰可尼資本公司「Taconic Capital」）、丹恩・歐克（Dan Och；史考特管理公司「Sculptor Management」）、艾瑞克・敏迪（Eric Mindich；伊頓・派克資本公司「Eton Park Capital」）和艾迪・蘭伯特（Eddie Lampert；ＥＳＬ投資公司「ESL Investments」）。

資本分配者先研究許多個過去類似機會，才能找到正確觀點做決策，並不是逕自預期報酬就要求大家冒險。

例如，我們來看看分析師對亞馬遜股票的預測。某分析師認為亞馬遜未來十年營收將以每年15%的速度成長，因此據此建立非常詳細的模型來描述亞馬遜股票後市如何實現預期。事實上，亞馬遜長期以來的成長速度比這還快，因此根據最近歷史資料建立的模型似乎相當合理。

但是我們也可以參考一九五〇年以來，營收超過千億美元的大企業來看亞馬遜後市的基準比率。經通膨調整後發現，符合營收千億以上資格的大企業共有三百一十三家，但是每年得以15%的速度快速成長者事實上是「零」。其中只有七家的年成長率超過10%，這是占樣本總數的2%而已。因此亞馬遜未來十年，的確有可能以15%的速度成長，但0%的基準比率也提醒分析師，他們設定營收成長的模型真正達成目標的可能性可能比內部預測來得低。

運用基準比率對資本分配者自己的投資決策和評估經理人決策都有幫助。資本分配者往往不太重視經理人的外部觀點，而是依賴分析中的個人評估。有許多投資長對自己投資組合的避險基金充滿期待，卻又對避險基金整體的平均報酬感到悲觀。要是特別留意基準比率納入考

量，即可稍稍冷卻一廂情願的過度期待，證實確然有效。

此外，資本分配者也可以考慮經理人在盡責調查中使用的基準比率。在進行選股時，會同時考慮到外部觀點和內部觀點的經理人，長期下來可能做出更好的決策。要是對這個概念不熟悉，也許就會成為盲點。

c. 風險評估

當投資案選定經理人以後，投資長可以稍退一步先考慮有什麼狀況可能出錯。事前調查、紅隊、魔鬼辯護士和優缺點清單等，都有助於投資長發現研究課題時疏忽的風險。

1. 事前調查

蓋瑞・克萊恩（Gary Klein）是認知心理學家，他專門研究專業人士如何鍛練技藝，開創事前調查（pre-mortem analysis）的方法幫助空軍訓練戰鬥機飛行員。事前調查是一種風險管理工具，留下記錄可按時間順序進行事後分析，即可發現可能遭到忽略的其他可能性。

以下範例即為事前調查的過程。

ⓐ 「計畫失敗了。」

投資長告訴團隊說，他們看到水晶球顯示計畫會失

敗，於是展開事前調查。他不問說「哪些地方可能出錯」，而是用這種方式來進行對話，這是改變心態預先正視災難的可能。反事實方法讓大腦進行思考和推測，不這麼做的話，它就難以進入狀況。

ⓑ 先暫停一下
投資長要給團隊幾秒鐘來接受這個現實。計畫失敗了。

ⓒ 寫下發生狀況
讓每個團隊成員花兩分鐘寫下計畫失敗的所有原因。兩分鐘已經足夠讓他思考，也不會花太多時間浪費討論能量。用書寫方式，可以鼓勵成員獨立思考。

ⓓ 一次分享一個想法，從領導者開始
由團隊領導者開始分享計畫失敗的原因。領導者從一開始就要特意引導團隊，讓大家都能認真對待這個調查，其他成員自會跟隨效仿。

領導者每次點名一位團隊成員，請他分享一個跟計畫相關的潛在問題。這種形式是要鼓勵比較不活躍的成員也能暢所欲言，避免活躍者把持討論。這樣可以讓團隊成員感到安全，也允許大家說出自己的想法。

領導者按照位置次序請大家發言，直到每個團隊成

員都提出自己的想法。

ⓔ 寫出降低風險的方法

看到各種可能出錯的地方，團隊成員花兩分鐘時間
寫下各自可以防止錯誤發生的各種方法。

ⓕ 分享降低風險的方法

由投資長主導討論，聽聽大家有什麼降低風險的方法。

ⓖ 結束會議

投資長宣布休會。現在又掌握到更多相關資訊，因
此先退後一步來考慮先前決定。大家可以運用事前
調查發現的所有資料，重新評估決定並制定新的行
動計畫。

與其他方法相比，事前調查最能防止決策時的過度
自信，培養團隊坦率透明的文化，讓成員更加理智。

2. 紅隊

安迪・高登（普林斯頓大學投資公司〔PRINCO〕投資長）的方
法是由「藍隊」（blue team）負責推薦，由「紅隊」（red
team）找漏洞。紅隊方法比事前調查要多花一些時間，
也需要投入更多資源。

負責挑刺的「紅隊」也可能帶來許多偏見。所以團

隊領導者也要再次確保思考獨立性和認知安全。重要的是，紅隊一定要好好把握自己應該扮演的角色。其實紅隊和藍隊成員通常都是在同一企業組織之下，只是各有不同部門或歸屬。要是紅隊不敢暢所欲言提出批評，這種方法就不能發揮效果。由不同專業領域的個人組成，而且本身不涉及投資推薦項目的話，這樣的紅隊最能發揮功效。

3. 其他風險管理工具

魔鬼辯護士和優缺點清單也是用來發掘不同狀況的工具。魔鬼辯護士的任務也是對投資規畫戳漏洞。一般來說，紅隊法比魔鬼辯護士有效。魔鬼辯護士要是忽略團隊的認知多樣性，很可能引發內部對抗。但是團隊如果受制於資源有限，魔鬼辯護士能在投資過程中增加一個有價值的步驟。

開列決策的優缺點清單，也是理性思考的開始。比完全不考慮替代方案要好得多，但蓋瑞·克萊恩研究指出，要激發團隊發揮創意的話，優缺點清單不如事前調查來得有效。

d. 偏見檢查表

投資長在決策時，可以運用檢查表來過濾常見的偏見。

時機選擇和過度自信，是兩個容易影響投資決策的因素。

　　所有投資研究的結論顯然都是指向投資績效，不管是對個人或法人機構。我們通常也都是挑選獲利表現強勁的經理人或證券，而在疲軟期出現後贖回或賣出。我們可以組織高功能團隊、考慮基準比率、進行事前調查，但決策仍是追求投資績效。在狀況允許時，把投資人選和投資時機的決策分開考慮，也是降低偏見的有用方法。我們對某位經理人感到興奮並不表示必須趁著興頭正熱，馬上要進行投資。

　　投資長和他們的團隊對經理人的熱情，很少能比投入資金的第一天更起勁。整個團隊投入大量時間和精力進行研究，對於建立投資新關係極具信心。在樂觀情緒高漲下，過度自信很容易滲透到他們的思考中。我們常常高估經理人的優勢，而決策時又低估投資策略在未來要面對多大的波動。這時候如果針對部位規模添加檢查表，可以幫助我們消除一廂情願的偏見。過度自信往往導致部位規模偏大，謹慎而保守地開始才能確保長期評估更為貼近現實。有些投資也會提供減少虧損的機會，幫助我們避免情緒失控而犯下錯誤。

e. 回饋循環

　　我們做出的決定可能非常好，但還是不成功。我現在回想那時跟巴菲特打的賭，還是認為整個決策中規中矩，我原

本很有獲勝的機會。

也有的情況是，儘管做出糟糕決定卻反而成功了。安妮‧杜克說她離開學術界跑去打牌，就是她這輩子過程最糟糕的決策之一。

我們每個人自然都會從錯誤的決策吸取教訓：壞的結果不是我們的錯，但好結果是來自好的過程。要做出更好決策需要獲得回饋來改進和強化投資過程。記錄決策、組織決策小組和考慮運氣的作用，都是在決策過程中建立回饋循環的有用工具。

1. 決策日誌

要改善投資流程，必須先準確掌握進行決策時已知的事實和想法。後見之明偏誤會讓我們對於過去的記憶變得模糊。如果確實記錄決策日誌，讓投資長得以回顧過去決策，即可從中學習促進成長。

我到現在還是認為當年跟巴菲特打賭的決定做得很不錯，就是因為當時留下一份報告記錄。我那時對成功機率的評估是根據外部觀點：標普 500 指數過去十年的表現從沒超過避險基金指數啊。不過我沒做事前調查，如果做了的話，也許就會發現市場變化的可能性，讓我的樂觀預期稍稍降溫。

安妮當初離開學術界跑去打撲克牌，也沒經過什麼決策過程。她後來回想起來，發現自己跑去打撲克根本不是充分自覺的決定。那只是眼前唯一出現的一條路，她就順其自然地走向前去。所以她現在回想起來，覺得那個決策過程根本就是太恐怖。

2. 召集決策小組

投資長可以從決策小組學習別人的做法，來提升決策能力。

有效的決策小組遵循上述結構與行為諸原則，確保成員彼此公開而坦率的溝通。決策小組要做的是找出跟決策有關的事實和真相，而不是要爭個誰對誰錯。

安妮說優秀的決策小組是「CUDOS」：

C：共有共享：公開透明分享各種資料數據，尤其是那些遭到抹黑醜化刻意扭曲的資訊。

U：普世一同：尋找客觀真理。注意那些對人不對事，蓄意放大或忽略事實的偏見。

D：公正無私：要注意情緒、情感上的利益衝突。特別小心動機推理、確認偏誤和事後之明。

OS：客觀懷疑：深入真實世界探索真相為何。

3. 運氣的作用

隨著時間累積，經理人技藝愈來愈厲害以後，運氣對於結果的影響也會變得愈來愈重要。麥克·毛布辛（環球對位基金一致性研究總監）指出：投資界現在這種狀況，其實跟過去幾十年來美國職棒大聯盟打擊者所面對的情況很像。

基金經理人常常沒發現運氣對他們能否成功有多麼重要。布萊恩·波諾伊（作家，塑造財富公司創辦人）見過很多經理人，當他們創下很高投資報酬的時候，絕大多數不承認其中有任何運氣成分助攻。好成績是自己技術超棒，表現欠佳就是運氣不好：這正是自利偏誤的絕佳示範。

資本分配者要耐心探索和觀察，收集大量資訊才能區分經理人的運氣成分和技術能力優劣。詹姆斯·歐文基金會的提姆·瑞克（Tim Recker）提醒團隊說，一波景氣循環可能持續七、八年，有些經理人需要一個完整的景氣週期才能證明他們的策略是否真正有效。

總結

要做出好的決策很不容易。我們是天生很難做好決策，因

此必須建立流程來減少有害偏見，如此才能減少決策的錯誤。

投資理念也不是非黑即白。每一筆投資都包含著已知和未知的風險，而一個團隊之中也很難達成誠實的共識。如果團隊運作順暢，發揮高效率，就能找出許多可能狀況，為各種潛在結果評估機率，提供完整組合的資訊讓投資長得以做出決策。

投資長找到經理人做好決定時，可能發現自己只能接受對方開出的價碼和條件，因為這時候是資本分配者對經理人寄予厚望。不過某些時候投資長也可以提出協商條款。我們下一章就要討論如何充分利用這些機會。

了解更多

Podcasts

資本分配者：安妮・杜克──改進決策（第 39 集）

資本分配者：安妮・杜克──如何做決定（第 156 集）

資本分配者：蓋瑞・克萊恩與保羅・強森和保羅・松金──進行事前調查（第 109 集）

資本分配者：麥克・毛布辛──主動挑戰、理性決策和團隊動態（第 36 集）

專書推薦

丹尼爾‧康納曼《快思慢想》（*Thinking, Fast and Slow*）

安妮‧杜克《高勝算決策》（*Thinking in Bets*）

安妮‧杜克《如何做決定》（*How to Decide*）

第 3 章
談判

「談判就是理解和學習。」

──戴利安‧凱恩（Daylian Cain）

　　投資長的任務是要協商談判各種大大小小的問題。他們要抱著跟夥伴合作的心態，樂意跟經理人站在同一邊。但是經過漫長的研究探索和盡責調查流程選定新經理人以後，對於新合作關係需要談判各種條款，他們也往往感到畏懼。有很多人對自己沒信心，擔心無法贏得談判。

　　投資長在領導各自組織時，也要定期協商薪資酬勞、接見各種前來拜會的訪客，還有日常間許多大大小小的事情。等到一天結束後下班回家，這些投資長也許在家裡也要跟家人協商討論各種瑣事雜務。

　　我在商學院接觸到種種談判技巧。透過《突破拒絕》（*Getting Past No*）[17] 和《哈佛這樣教談判力》（*Getting to Yes*）[18]

的教導，我學會怎麼做談判達成協議，讓雙方都對結果感到滿意。這套理論有很多縮寫字母的名詞，例如要先找到「ZOPA」（zone of possible agreement，可能達成一致的領域）、了解你的「BATNA」（best alternative to negotiated agreement，達成協商一致的最佳替代方案）或是「去陽台」（going to the balcony）管理情緒。老師教我們要專注在「利益」而不是「立場」，要找到「把餅做大」的方法，設身處地從對手觀點來看問題。當時我很陶醉地想像，未來會有很多正面、積極、有效又雙贏的談判。

但事實上，每一次碰到重要的談判，我都被輾壓得幾乎喘不過氣來。

就像在決策時，知道行為偏誤跟避免錯誤完全是兩回事，談判的操作實務也跟理論大不相同。戴利安·凱恩（Daylian Cain），在耶魯大學管理學院傳授實用的談判技巧，也在節目中提供一些建議，對於各種類型的談判都能幫助改善結果。

他的課程可分為談判準備、更新觀點和交易技巧三大部分。

談判準備

談判者會犯的最大錯誤是，準備不足。對於這一點，戴

利安帶著學生做過密集實驗，也非常一致地發現：不管談判能力本有高低，還是準備最充分的學生得分最高。適當的準備包括：評估我方利益、對手利益以及應變計畫。

1. 我方利益

各位可以利用規畫文件的問答方式來整理思考：

> 你想要什麼？
>
> 為什麼需要它？
>
> 你的優先事項是什麼？
>
> 交換比率為何？

這些什麼和為什麼都問得直接了當，但要分辨優先事項和交換比率就比較麻煩。最優先者應該是透過談判要爭取到的東西，而為了實現最重要的目標，優先等級較低者也許就會被犧牲掉。

完善規畫要考慮取捨的代價，這就是交換比率。各個優先等級當然價值也不一樣，直接在各種結果上標上數字，躲藏其中的隱晦，就變成清楚明白的選擇。

比方說，你準備在新地點工作，然後正想買房子，就要考慮通勤的代價。為了買到更大的建地或房子，每天多花十五分鐘通勤，到底價值多少？要把它換算成金錢來衡量，

好像很奇怪，但我們買房子不就是付錢嘛。我們可以設定相關利益的價格提前規畫，或是在過程中，隨著選項逐一出現再來定價。如果是要進行投資談判，投資長要考慮各種外顯和內含的取捨；前者像是時限較長但費用可享折扣的證券種類，後者像是維持公開透明可獲得多少價值。

對手的利益

規畫的另一面是，考慮對手方的相同問題。

> 他們想要什麼？
> 他們為什麼想要它？
> 他們的優先事項是什麼？
> 他們的交換比率是多少？

大多數人在進行談判之前，往往對交易對手不夠了解。我們花點時間和思考即能搞清楚自己的利益，但要了解對手方利益就要從別人那裡收集資訊。不管是夥伴合作的談判還是要談新工作的條件，我們都能找到一些人，比我們更了解對手需求與願望。

戴利安建議：在距離談判前兩週就要開始探索對手的利益所在，收集相關資訊深入探討。就算了解這些細節確實不容易，多花一點時間來思考對手的利益，也能讓你做好準備，在過程開展中，隨時更新和修正觀點。

3. 應變計畫

很多人為談判做準備只是為了取得勝利。他們知道自己想要什麼，以為自己可以得到，然後準備功夫就停留在此。對手方可能也是這樣做準備。然而實際談判的時候很可能碰上什麼狀況，雙方都無法取得壓倒性優勢。

為突發狀況做規畫，必須先設想談判的種種可能。各位可以把談判想成在下西洋棋，必須先想好因應對策，對手如果移動一個小卒、騎士甚至是出動女王時，你又該採取什麼行動。預先研究各種可能的替代方案，才是最全面的規畫。先設想不同狀況發生時該怎麼說，才能做好準備，應付路上的顛簸。

更新觀點

各位想像一下，你要進行的談判，如今手上已經做好準備計畫，也掌握對手各種資料。你已經擁有最完整的資訊，會把想要的一切納入協議之中，也準備協議領域帶走你想要的一切。優秀談判者的有用特質固然重要，例如性情平和穩重、勇敢自信也有相當的議價能力，但這些特質，都比不上你清楚地知道對手想要什麼。

談判開始進行以後，我們要想辦法繼續了解交易對手。不要把談判當作是對戰，而是一種發現的過程。當你更加確

實掌握對手的需求、優先事項和交換比率，就更能夠在相關事實引導下，完成整個談判過程。

此時，只有一種方法可以做到這一點：用心傾聽。戴利安的研究顯示，大多數人在談判時，都以為要把話說出來，必須充分陳述己方狀況，所以用心傾聽，在爭取優勢上就更為有效。

談判時的主動傾聽，基本上跟訪談傾聽是一樣的，包括注意、鏡像、驗證和同情共感等活動。

1. 注意干擾

要為談判奠定成功基礎，必須先平心靜氣撫平情緒。你必須讓對手感到安全，他們才會暢所欲言。清醒而務實地為交易對手創造一個有同樣感受的空間。時刻留意自己是否分心旁騖，必須專注傾聽，不要遺漏對手分享的情報和線索。

2. 鏡像

直接反映對方需求，不要忙著捍衛自己立場或只想解決問題，是非常有效的做法。在談判中採用以下回應方式，有助於塑造鏡像效果：

> 「讓我確定自己已經了解……」
> 「這個聽起來就像是……」

當你完成鏡像反映出對手想法以後，要再詢問對方：「我沒聽錯吧？」或「我這樣理解對吧？」如有錯誤，就讓他們更正，然後你再針對更正鏡像反映。

3. 驗證

談判中的驗證，要是反對意見引發情緒反應會變得特別棘手。你也許不同意交易對手說的話，但你還是可以設身處地站在對方位置來驗證他們的看法。在驗證對手立場之前，要特別留意提出爭辯或急於表達我方觀點的誘惑。

有助於進行驗證的表達方式如下所示：

> 「如果你相信 X，我就能看出貴方所言道理何在。」
> 「因為你認為 Y，所以你想要 Z 也是很合理。」
> 「現在我聽你說是 X，所以你想要 Z 也很合理。」

4. 同情與好奇

碰到某些情況時，在情感上表現出同理心或可化解僵局。要是有人自覺不是這麼溫馨感人，戴利安建議不妨採取好奇的態度來取代同理心。在探索對方利益時，會對交易對手想要什麼感到好奇吧。而不管是同理心或好奇心，我們關注的就不會只是差異，也能先把反擊、自說自話或一昧否定擺在一旁。

其他祕訣

做好準備、更新觀點和溝通語言是談判過程的重要前提。戴利安也提示七個可以採取行動的重點，對於談判過程大有幫助。

1. 了解你的價值

談判雙方的議價能力很少剛好一樣。投資長也許控管大量資金，但其實是還沒找到什麼客戶的新創基金。創業投資公司也許能力有限，卻受到投資人超額需求的追捧。

比較有力量的談判者通常也會要求更大權益。我在商學院開的談判課程教導學生說，與其爭執誰分得多誰分得少，不如鼓勵對手一起想辦法把餅做大。

戴利安教導實力較小一方找出特別需要合作的交易或工作，想辦法把它分成兩半。這些交易或工作必須彼此合作協同作業才能進行，無法單獨運作。最重要的是要傳達出獨特協同不是讓強者讓出更大比例的權益，而是運用協同效應發揮經濟價值。要是弱勢一方對於創造協同效應非常重要，即可據以爭取較大比例的收益。

2. 非貨幣條件

金錢是商業和投資談判的驅動力，因為它對雙方都有價

值，結果也常常是非贏即輸。但太過關注金融面，也許就會忽略金錢之外也具有價值的條件。努力尋找那些金錢之外的利益，可以為討論帶來更多價值。

3. 聰明交易

談判必定有得有失。既然利益不可能每個都能均分，不妨在一方大勝的同時，找到另一方輸比較少的可能。要是能找到幾個這種聰明的交易，雙方都能因此增加許多價值。

4. 附帶協議

談判對手對未來通常都有不同看法。企業賣方預期有機成長率，可能比買方更加樂觀。買方則認為配銷網路大有可為，未來擴大成長遠超賣方預期。

採用附帶協議的方式，讓交易對手得以解決這種看法分歧。出售企業的交易通常還會產生額外收益，這是交易結束時，看業績表現，再決定最後支付價格。

5. 先走先贏

行為心理學指出，第一個報價的會因為錨定作用而受益。不過，戴利安認為操作順位的研究，到目前還沒有定論。如果沒有充分了解交易對手的利益所在就先出手，很可能只是虛張聲勢卻不知道錨定點太低。一定要先掌握協議領域的各種資訊，才可能先走先贏，發揮有效的錨定作用。

6. 意義標示

在談判陷於僵局之時，採取平和寬厚用語有助維繫雙方的參與。在《ＦＢＩ談判協商術》（*Never Split the Difference*）中 [19]，人質談判專家克利斯・佛斯（Chris Voss）特別談到改換否定用詞的重要性。把否定用語轉換成深入探索，就會讓交易阻力變成助力。他建議可採用以下用語來推動談判：

> 「如果你對這個不感興趣，該怎麼做比較好？」
> 「你需要什麼，才會覺得可以繼續討論呢？」

7. 欲擒故縱

宣稱放棄協議能給對手施壓，讓他們重新考慮立場。適時離開再重新開啟談判，有時可能是最有價值的方法。

不過戴利安要求學生暫離，他們實際上也做不到。他說他開的談判課程，要求學生至少要練習一次離開，學期成績才會過關。但是到了課程最後一次談判時，還是有一半學生沒練習過離開。他提醒大家說要先離開再回來做談判。雖然知道這樣才會及格，同學們就是做不到。這是因為離開談判會造成焦慮感，而且在追求更多價值時擔心遺漏更多。但光是會造成焦慮感，就表示這種手段非常厲害。

總結

談判是進行投資、經營投資機構甚至是生活上一定都有的活動。有效地準備、更新資訊和進行溝通，才能讓投資長為團隊創造更多價值。

磨練訪談、決策和談判技巧，讓投資長得以執行投資策略。這些活動和技巧都不會單獨奏效，所以了解團隊如何領導，讓大家一起合作向前邁進就很重要。

了解更多

Podcasts

資本分配者：戴利安・凱恩——談判大師班（第 138 集）

知識企畫（The Knowledge Project）：克利斯・佛斯——說服他人的藝術（第 27 集）

線上課程

談判力遊戲，戴利安・凱恩：www.negotiationmindgames.com.

專書推薦

克利斯・佛斯《ＦＢＩ談判協商術》（*Never Split the Difference*）

第 4 章
領導力

LEADERSHIP

「成功投資人雖有驚人的才華、專注、努力和灼然洞
見，卻很少能發揮在對人的管理。」

——強納森・賀托

　　投資長有兩個全職工作：管理資金和管理團隊。但是在
投資長從底層向上爬的職涯歷程中，很少人真正接受過領導
員工的培訓。投資長在企業中接受的學徒訓練一般專注在金
融資本成長的技能，並非人力領導資本的提升。

　　我以前曾經跟一些優秀的基金經理人及同行共事，但關
於領導力和管理他人的學習，只能從工作中慢慢觀察體會。
但是，我的同事也都沒學過這些事情啊，所以，我學會的大
都只是觀察到哪些事情不要做。

　　投資長必須學會領導團隊。有些訪談來賓對於領導力特
別有領會，但他們也是觸類旁通，從別的機緣學會。足球教

練兼評論員麥克‧倫巴第（Michael Lombardi）過去是跟著比爾‧華許（Bill Walsh）和比爾‧貝利奇克（Bill Belichick）才學會。領導力教練大衛‧「公牛」‧葛芬（David "Bull" Gurfein）是職業軍人退伍，曾接受過領導統御訓練。柯文公司（Cowen Inc.）的傑夫‧所羅門（Jeff Solomon）曾談到他在夏令營學到的經驗：

> 你到最後還是要跟一群人待在小屋，所以一定要相處愉快啊。你整天都要跟大家在一起，每一天的二十四小時都在一起。有時候也許超難過，但你別無選擇，只能這樣過。你要學習融入團隊，跟大家一起玩，找到自己喜歡的人，學會應付那些你不喜歡的人。參加夏令營就是為了學會怎麼過日子，而且要玩得開心。這種團體生活中人際互動的基本技能，就是在夏令營這種地方學會的。

這些領導者談到一些工具可做為領導力訓練的共用架構。偉大領導者會採用以下經驗法則：

- 設定願景
- 設定行為標準
- 一致而頻繁地進行溝通
- 真誠無欺的言行
- 啟發與激勵
- 適應與發展

設定願景

組織的成功領導要從設定願景開始——這就是賽門·西奈克（Simon Sinek）說的「為什麼」。[20] 有效領導者開創願景，懷抱熱情一再闡述，深切期盼而且相信。

願景是重要的文化驅動力，就算它難以定義，也要讓大家能夠理解、感受並且接受。整個公司的願景會滲透到組織的各個層面，從招募聘用決策到投資決策無一遺漏。明確定義的使命會吸引志同道合的員工，激發他們的熱情與投入。領導者要激勵團隊，讓他們相信自己除了進行日常工作之外，更是實現遠大目標不可或缺的一部分。

洛克菲勒資本管理公司（Rockefeller Capital Management）的葛雷格·佛萊明（Greg Fleming），在職涯早期投顧管理工作中觀察過許多商業領袖，發現最成功的人都會設定嚴密、清晰的

願景，而且不斷和大家溝通。例如，迪士尼公司（Disney）已退休執行長羅伯特‧艾格（Bob Iger）一上任就設定公司願景是「創造優質的品牌內容，擁抱技術，實現業務全球化」。[21] 這個願景，後來成為迪士尼公司的導航燈，從收購策略到內部各個目標都受其影響。

公牛‧葛芬（海軍陸戰隊贈勳老兵、美國愛國者聯合會執行長）是拿過勳章獎勵的海軍陸戰隊老兵，從早年就被訓練成冒險犯難的領導者。他認為領導力的定義是「一種信任、一種聯結也是制定計畫、下達命令的基礎原則」。海軍陸戰隊的願景即是「指揮官的意圖」。指揮官針對每次任務須指定人員、目標、地點、時間、原由和做法。「指揮官的意圖」就是原由和做法：部隊為什麼要出這趟任務，又該如何進行以完成任務。

麥克‧倫巴第（足球教練兼評論員）說明以永續發展為考量的領導者，是解決方案型領導者難以企及的成功。永續發展領導者考慮的是長遠願景，而只關注解決方案的領導者很可能為了解決急迫問題就改變願景。

珍妮佛‧普洛謝公關公司負責人珍妮佛‧普洛謝（Jen Prosek）說她的團隊是「創業大軍」，這說的也是永續領導力的願景。

派崔克‧歐夏尼斯（歐夏尼斯資產管理公司執行長）以「學習、

建構、分享、重複」來定義歐夏尼斯資產管理公司的願景，涵蓋定量研究與軟體平台的所有方面。團隊成員應該不斷學習，在建構新產品、新服務或強化現有功能上發揮作用，與客戶和社區分享新發現，並一遍又一遍地重覆施行。遵循這樣的願景，我們很容易想像會是怎樣的知識和文化實踐。

傑夫‧所羅門對柯文公司的設定是「願景、堅定和同理心」，充分說明柯文公司跟其他金融服務業者的不同。堅定可能是華爾街常見的舊形象；願景顯示創業心態在功能上與獨善其身的組織有所不同；同理心更是超越一般對金融投資的期待。這三者的結合顯得相當特殊，也象徵團隊確實具備獨特文化與性格。

設定願景為組織維持一致的基調，而遵循與傳達才能讓願景保持活力。

設定行為標準

洛杉磯加州大學（UCLA）籃球校隊傳奇教練約翰‧伍登（John Wooden），每年訓練的第一天都要教球員怎麼繫鞋帶，在業界引為奇譚。透過這種一絲不苟的學習和基本步驟的準備，他的球員們都會明白，注重比賽各個方面的細節，正是伍登教練對他們的期望標準。

確立願景後，領導者為團隊成員的行為和表現設定期望。最重要的是，團隊對領導者，聽其言更要觀其行：行動主導言語。伍登教練進行第一次集訓時即提出這個觀點，但他要是每天鬆鬆散散，不自惕勵，那麼他的球員也會很快忘記這些教訓。正因為他每天實踐自己宣講的理念，這位穿著無可挑剔的領導者，一再強化他所傳達的訊息。[22]

領導者經由行動來展示文化，決定活動的節奏、強度、溝通方式，尊重他人的時間，讓許多無形的文化在組織中潛移默化。

麥克・倫巴第畢恭畢敬地描述美式足球愛國者隊教練比爾・貝利奇克和四十九人隊教練比爾・華許的行為習慣。貝利奇克做事一絲不苟，效率奇高。每次比賽才剛結束沒多久，下一場比賽的準備工作就開始了，在球季中的每一天從早到晚都排滿了活動和工作。華許則是設定明確目標，嚴謹要求成員謙恭有禮，努力充實自己，與時並進。他對團隊成員一視同仁，從進攻協調員到大門警衛都以最高標準提出要求。

查特里・西尤堂（Chatri Sityodtong）把綜合格鬥界都知道的「戰士精神」當作 ONE 冠軍大賽（ONE Championship）的行為準則。戰士精神說的是勇氣、毅力和戰勝逆境的意志力。他的工作就像做體能鍛練一樣，他說出現錯誤就是「被擊倒」，

但不論如何都要再站起來。這個比喻帶有智識上的誠實，他認為這是持續學習的基礎。胸懷謙虛，承認錯誤，向團隊學習，讓ONE冠軍大賽的每個員工遵從武術格言，每天提升1%的功力！

葛雷格‧佛萊明常常說起，包裝工隊（Packers）偉大教練文斯‧倫巴迪（Vince Lombardi）對球隊寄予厚望的一句話：「雖然做不到完美，但要是努力追求，還是能達到卓越。」這話不只是說說而已，因為他的執行團隊說，老闆常常早上六點不到，就開始發送電子郵件討論新想法和追蹤工作狀況。葛雷格也認為應該授權給有才華的人進行決策，讓他們決定自己的行動。他的時間專注在尋找優秀人才，大家一起找出方向，給予支持合力向前。

海軍陸戰隊的行為準則確實嚴明，這正是部隊的力量泉源。就像公牛‧葛芬會說：「吃飯是部隊先吃！」海軍陸戰隊其實像個倒立的金字塔，領導者要在最底下平衡一切。戰場上的勝利，定位、潛伏、擊敗敵人的是十八歲的步槍兵，不是設定指揮官意圖的上校。領導是分散在整個組織裡頭。不管是戰場上的部隊還是營區裡的伙房廚師，海軍陸戰隊成員都是一再重複：「我們海陸！」他們整個就是一體的。

世界各地有許多投資公司辦公室都裝裱使命宣言在牆上

做裝飾。雖說凌雲壯志令人好不欽佩，但大多數只是虛張聲勢淪為空談。有很多公司一旦面臨利益衝突，原本說好的行為準則馬上遭受嚴厲考驗。領導者在發放年終獎金或招募聘用決策所說的「誠信」、「溝通」或「團隊合作」真正能做到什麼程度，才真正決定牆上的使命宣言是否真的有意義。真正的行為規範和標準，就在於衝突時刻的抉擇。除非領導者做出的艱難選擇和設定使命一致，否則使命宣言裝飾得再精美漂亮，也只會馬上貶值永難復甦。

頻繁一致地進行溝通

成功的領導者會一再重申願景，親身實踐他們所信奉的行為標準，奉行不渝。言行合一，表裡一致，正是領導者最重要的品德。

麥克‧倫巴第提出「ROMPS」架構，是跟團隊溝通時的最佳考量：

> RO：空間（Room）──指揮空間
> M：訊息（Message）──指揮訊息
> P：程序（Process）──指揮程序
> S：自我（Self）──指揮自我

指揮空間是關於現場表現，包括肢體語言、語氣和自信。指揮訊息是在整個組織中，夠堅定地前後一致解釋計畫的能力。團隊成員也都要能夠毫不費力地重複願景和行為準則。指揮程序是每天早上醒來即投身其中的文化。最後的指揮自我，是要親身奉行你自己為他人設定的準則，包括自律、教育和成長。這四個「ROMPS」巧妙結合願景、標準和溝通等原則。

葛雷格・佛萊明經常提醒團隊必須「群策群力」一起努力。他認為組織要長期成功，是靠整個團隊來實現目標。群策群力一起努力，雖然有點陳腔濫調，但跟他賦予團隊力量的行為準則是一致的。

珍妮佛・普洛謝擅長創作標語警句，強化團隊「創業大軍」的願景。她鼓勵團隊對於新業務「坦率發問」。她定期召開團隊會議，一切資訊公開透明，讓大家都能取用，對於業務有關的任何問題，就算是最粗淺最不入流的問題，任何人都可以提問也會獲得解答。她在名為《創業大軍》（*Army of Entrepreneurs*）的書中闡述願景，探索企業所有者的心態，介紹她吸引人才、激勵、培訓、獎勵和留住團隊的方法。[23]

傑夫・所羅門日常言行即強調同理心是柯文公司的特點。他天生最為別人著想，說話輕聲細語，待人極為溫暖。傑夫回想夏令營經驗並告訴團隊說，情勢不佳的時候，一定都會

碰到什麼困難，大家還是可以一起努力：「我們都在同個團隊，一起努力完成同樣的事情。要是對實現共同目標有不同想法而產生爭論，也要專注在共同目標上。」

能夠有效溝通的領導者是採用真誠坦白的方式來做溝通，而這種做法也最能啟發和激勵團隊。

真誠無欺的言行

自覺和謙遜是成功領導者的基本特質。哈佛商學院組織行為學教授湯瑪斯・德隆（Thomas DeLong）更認為領導力是非常個人化的能力。

湯瑪斯曾近距離觀察約翰・麥克（John Mack）八年，當時麥克正領導摩根史坦利公司（Morgan Stanley）。湯瑪斯也看到一些非常聰明、技術能力高強、對成就要求很高的人才都很渴望真誠對話。他要培養的經理人，是能夠讓大家對於自我擁有更充分也更深入的體驗。這個過程就是從自我探索開始，與自己對話，讓心靈平靜下來，才能回應他人提供幫助。

湯瑪斯尋求的深刻誠實與謙遜和脆弱密不可分。

珍妮佛・普洛謝指示團隊「坦率發問」，也教導說做生意最好的方式就是人性化，做人謙虛、坦白，就能帶來共識。

啓發與激勵

領導者需要用言語和行動來啟發和激勵他們的團隊。他們的慣用做法會為組織定下基調。偉大的領導者懂得激勵團隊，讓他們發揮全力取得比想像更大的成就。

欽佩領導力學院（Admired Leadership）創辦人藍道·史都曼（Randall Stutman）已經指導過一萬兩千多位領導者，為領導者找到通用架構，可以鼓勵大家感覺自己與眾不同。事實上，團隊成員也真的是各有不同；有些人的動機是經濟報酬，有些人則是出於對某種技藝的追求，也有為了歸屬感或某種層次更高的目的所驅使。要根據每個團隊成員的特定需求給予激勵，很快就會變得太複雜。不過偉大領導者可以表現得像個粉絲一樣，為團隊拍手鼓掌、歡呼和加油，表現出自己願意做任何事情來幫助每個團隊成員，幫助他們在順境或逆境都能取得成功。加油打氣的概念是最為一致且效率奇高的領導特質，貫穿蘭道所有工作。[24] 以下每個例子都是加油打氣的方式。

葛雷格·佛萊明認為正面動機和高昂士氣很重要，他也指出樂觀的重要性，說這才是真正的道德勇氣。當他想要激勵團隊時，葛雷格會專注在個人的特殊優勢。他選擇優秀人才，讓他們感覺自己很棒很有能力，而且懷抱使命感。為了

推動整個組織向前發展，葛雷格希望每個隊友每天早上出電梯都能感受到刺激和振奮。

珍妮佛・普洛謝也是抱持樂觀態度鼓舞大家。她臉上帶著微笑，以正面積極態度支持團隊。她引用艾拉・威考絲（Ella Wheeler Wilcox）的話說：「笑的時候，全世界跟你一起笑；哭的時候，只有你自己哭。」提醒身邊的人，大家都喜歡跟那些散發激情、擁抱活力的人在一起。所以她積極培養正能量來支持團隊，像引用「讓你的敵人提升你的能量」之類警語來勉勵大家。

查特里・西尤堂（「ONE 冠軍大賽」創辦人兼主席）秉持自己的戰士精神來激勵團隊。他反覆分享個人故事，以自身行動點燃大家的熱情，提振戰士精神，而且永遠像個學生般好學不倦。

傑夫・所羅門熱誠描述同理共感即是他的導航燈，他說那是一種強大的力量：

你要了解面前這個人會受到什麼事物所激勵。你不必同意，但你要理解。要了解別人的想法，知道哪些事物可以產生激勵的最好方法，就是想像自己是他們的話感覺為何。

我想知道你最關心什麼。你為什麼要做現在這些事？你要是站在客戶立場來問這些問題，很多時候就會聽到你也會贊同的答案。

管理其實就是說，我知道你的想法，而且我認為我可以幫助你。還有，你知道，這裡頭就有生意可以做。我可以為你帶來實質成果，我們可以為彼此帶來實質進展嗎？我可以運用我的品牌來增加你的機會嗎？我們可以一起合作，互相提升嗎？

我不會因為他們只為個人成功而忽視，我只想成為推動促成的人。如果他們想要獲得支持，樂意接受我們提供工具、產品、服務和關係，那麼他們在此發展會比其他任何地方都更好。而他們都是一些拚命想贏的人。這就是團隊合作的本質。

適應與發展

領導者要樂於迎接改變。就像麥克·倫巴第（足球教練兼評論員）說的：「現在要是不喜歡改變，以後變得無關緊要就更加難以忍受囉！」就算是最好的規畫也可能會出錯，明確定義的願景也要與時並進，跟隨局勢發展而更新和適應。

需要改弦易轍的早期警示，可能來自內部或外部的回饋

循環。公牛‧葛芬踏進組織機構為管理階層提供諮詢顧問時，他會問大家三個問題：

> 我們現在所做，哪些是對的？
>
> 我們現在做錯了什麼嗎？
>
> 有哪些事情我們可以做得更好？

作為單一個體的領導者也可能錯過跟組織、客戶或產業有關的重要趨勢。我們要是能掌握回饋意見，多做正確的事、減少犯錯，把那些需要改進的事做得更好，領導者即可發現必要的改革，並設定路徑進行必要的溝通。

要做出改變時，湯瑪斯‧德隆建議從小處著手。人的慣性或惰性往往頑強抵抗，所以大家自然不會樂意接受改變。要是先在不同方向爭取一些小小的成果和容易接受的動作，團隊才會開始跟在領導者後頭一起改變方向。

總結

有效領導必須設定願景，定期提醒團隊莫忘初衷，採取和願景一致的行動，並且為團隊成員加油打氣。偉大的投資長自能發揮秉賦，投資、領導、制定和培育與目標一致的願景。

投資長要先設定好追逐願景的道路，確保團隊如實執行。

接下來，我們要討論一些人員管理的主題。

了解更多

Podcasts

資本分配者：珍妮佛‧普洛謝——為資產管理公司建立品牌（第 81 集）

資本分配者：藍道‧史都曼——欽佩領導力學院（第 150 集）

線上課程

欽佩領導力學院——藍道‧史都曼與欽佩領導力團隊

蘭道和他的團隊探討過優秀領導者在工作中表現出的一百種共同行為。這是我知道最好的也最容易學習的工具寶庫，各位可在此找到：www.admiredleadership.com

專書推薦

羅伯特‧艾格《我生命中的一段歷險》（*The Ride of a Lifetime*）

珍妮佛‧普洛謝《創業大軍》（*Army of Entrepreneurs*）要我推薦領導力的書就太搞笑啦！所以我分享兩本跟本章主題有關的書籍。

第 5 章
管理

「我們的工作是管理人的時間,增強實力,爭取成功,
幫助大家確定優先順序,給予清晰明確的指引和規畫,
設置明定里程碑與目標的時間表。」

——公牛・葛芬

　　如果說領導是朝向願景,那麼管理就是為了實現願景。
基金經理人雖然管錢有一套,管理人員方面就不是那麼得心
應手。人員管理常常要占去許多其他活動的時間,所以這是
一個經常被忽視的領域。而且投資機構通常也缺乏管理所需
的訓練和經驗。

　　要做好人員管理,投資長必須從專注提供個人貢獻的角
度,轉變為監督團隊成員的貢獻。這個轉變過程需要授權、
給予回饋,並允許部屬犯錯和學習。安德森・霍洛維茲公司
的史考特・庫伯說,管理者的工作像是要讓火車正常運行,

也要指導員工和回答相關問題。

直接公開出來的話，那些管理的基本技巧看起來都很像常識，包括以下這些過程：

- 招募聘用
- 組織設計
- 專案管理
- 人才發展
- 時間管理

招募聘用

在招聘基金經理人和執行策略方面，吸收優秀人才大都被列為任務首位。查特里‧西尤堂說得好：「釋放出你自己的強大力量，才能吸引強大力量來環繞著你！」不過，怎樣才叫優秀人才，每個領導者都有不同的定義。

人員管理其實從招募聘用這個階段就開始了。有很多公司的招募聘用流程，除了要求應徵者具備必要的專業技能和類似面試官的個性之外，並沒有完善的結構安排。但招聘面試其實也可以師法經理人訪談的過程，採取策略建立程序讓大家一起遵循。

團隊可以準備開放式的探索問題，專注考察應徵者性格上的各種差異，使用記分板技巧來排定公司想要的特質。妥善安排的流程會考慮應徵者的目標，包括財務、文化與發展目標，也會考慮到組織自己的目標。

WCM 投資管理公司（WCM Investment Management）的面試過程即是此一原則具體表現。文化是公司成功發展的驅動力。保羅‧布拉克（Paul Black）強調優秀企業文化與投資組合公司競爭優勢相互一致的重要性。WCM 投資公司在面試過程中會特別注意一些稟性特質，那是應徵者日後成長發展必要的核心屬性。因此在每次面試時，都會安排團隊成員專注評估各項特徵，綜合幾次面試結果即可描繪出應徵者的全貌。

威靈頓管理公司在招募聘用人才方面頗感自豪，因為很少出現失誤。公司團結合作的文化和培養個人優勢的模式，創造出充滿期待而人人互相關懷的工作環境。

吉姆‧威廉斯（蓋提信託基金投資長）在面試時，特別注意五個關鍵領域，他說這些都是訪談基金經理人的重要主題：

1. 聰明和智慧

必須能夠解決問題，又洞察世情，精明幹練。提問聚焦在他們過去解決過哪些問題的例子。

2. 交流溝通

口頭與書面溝通並重。這個過程包括提供實例說明。

3. 團隊成員

團隊成員必須樂意分享自己知道的資訊。提問要側重在團隊的專案實例。

4. 誠實正直

我們願意做出決策並且承擔責任，是因為這樣才是正確的做法。提問則是針對出錯的狀況。

5. 經驗和教訓

與職位任務相關的經驗教訓。

吉姆表示，要早一點找到合適的應徵者，掌握這幾項特質就很有用，因為這幾項特質會隨著時間累積而改變的，只有最後那個經驗教訓。他鼓勵團隊讓面試訪談自然進行，最終就會涵蓋所有這些主題。

過去二十多年來，人力公司（HumanCo）的傑森‧卡普（Jason Karp），在避險基金界聘用過好幾百名投資組合經理人和專業營運人士，他說招聘可能出現三種結果：危險分子、討厭鬼和優秀人才。[25] 這個分類架構對於理解招聘實在有用。

危險分子指的是，那種喜歡湊熱鬧跟著大家走的人。他

們在理智上不夠誠實坦白，當事實發生變化時，他們還是不願意改變想法，也很難承認自己錯誤。危險分子可能出現大多數的行為偏誤，混淆過程與結果，表現得太過自信也過度依賴直覺，事實和觀點混為一談，更無法從錯誤中吸取經驗教訓。危險分子在工作上，太過關注大方向而輕忽細節。如果是在充滿惡意抱怨和破壞的企業文化之下，這種員工可能最是危險。

危險分子可能為企業帶來嚴重風險，尤其是那種每個成員都很重要的小型組織。傑森建議要注意他們個人生活上有沒有出現什麼問題的跡象，例如無法控制衝動和欠缺紀律等等。

討厭鬼的危險比較小，但還是會帶來很多麻煩。這些人的溝通技巧通常很糟糕，就是讓人非常搖頭。一碰到問題出狀況，他們總是先責怪他人，而且眼睛只盯著失敗而不是成功。在投資事務上，討厭鬼缺乏獨創想法，自信心也不夠，碰上逆境困難就畏縮不前。要管理這些討厭鬼需要耗費大量時間，而且這些投入的報酬很低。討厭鬼對企業構成的風險雖然不是最高，但產生的機會成本可也不小。

優秀人才當然才是正確的選擇，對組織來說，是最好的投資。這些精挑細選的人才在理智上誠實坦白，必要時願

意調整想法。他們擁有競爭力，懂得自我激勵，成效卓著，胸懷大志也堅韌不拔。以個人而言，他們渴望自我提升也勵行反省，真正樂意承擔責任，努力學習鍛練以求成長。作為團隊的一員，優秀人才會有高情商表現和出色的人際溝通技巧。在他們的個人生活中，他們是嚴守紀律的冒險家，也能展現超強意志力。管理者要是能找到這種優秀人才，一定要投入時間，像對待自家人一般地施以培育、發展和保護。

組織設計

從工作空間的實體設計到團隊會議的頻率，管理者在組織結構上的種種選擇會對企業文化帶來強化作用。CG 資本集團以「沒有明星」的平等文化而聞名，它在工作空間的設計上也盡量避免任何地位標誌，例如公司的邊間辦公室只作為會議室使用。[26] 所有分析師和投資組合經理人的辦公室都一樣大，如果是略小於標準規格的辦公室，反而是由比較資深的投資組合經理人申請使用。有些投資公司，例如耶魯大學投資辦公室（Yale Investments Office）的樓層規畫，特別注重朝向開放，讓員工之間的必要溝通得以進行順暢。其他一些以價值為導向的管理者，則是創造類似圖書館的空間，配備安靜而獨立的辦公室，對於閱讀和思索尤其有利。

團隊會議的頻率和架構為溝通交流定下基調。威靈頓管理公司分布全球各地的員工每天早上都要參加早會，由投資團隊成員在會上分享一些意見和想法。資本分配者的團隊如果是開會頻率較低者，大多數也反映出決策數量較少且速度較慢。

但要是沒做好充分準備，團隊會議可能變成可怕的時間浪費。妥善安排的會議，在整個過程中都會設定好議程、目的和行動步驟，具備規定好的行為準則，會議上也有專人負責協調規範讓討論順利進行。

投資長也要常常挑選不同地方開會，擺脫日常工作結構的拘束感。偶而改變環境和例行工作，能刺激團隊用不同方式思考重要策略主題。

專案管理

整頓好團隊和組織結構後，管理者即可把重心放在工作項目上。專案管理工具包括排定優先順序、闡釋任務重點、建立問責和動態更新。

1. 排定優先順序——任務焦點

公牛・葛芬在海軍陸戰隊服役時學到排定優先順序的觀念。在資源有限的條件下，必須優先處理手頭最重要的任務。

在軍事上，如果陸砲、船艦武力或飛機支援有限，資源就會先流向重點工作的部隊。對投資機構來說，最稀缺匱乏的資源通常就是投資長的時間。如果整個團隊都知道任務焦點在哪裡，那麼不在優先位置的個別成員，應可緩解資源暫時不足的挫折感。

2. 闡釋重點——必須完成的工作

珍妮佛·普洛謝把團隊角色分為「發現者、照顧者、連結者、執行者」（Finder、Minder、Binder、Grinder）。發現者為公司找出商業機會。照顧者是出色的流程控管。連結者在人際關係上運作順暢，而執行者可以順利完成工作。珍妮佛團隊成員也許都要扮演多種角色，或者會發現自己特別擅長其中一種。運用這種方式來定義必須完成的工作，珍妮佛設定好工作期望也掌握能交付達成的結果。普洛謝夥伴公司（Prosek Partners）的新員工在面試時都接受如此指導，確定自己能夠參與哪個部分的角色，為公司增加最大價值。

3. 建立問責——任務分配

「責任渙散」的概念，是我在大學心理學導論課學到，後來對這個現象也一直謹慎留意。只要有其他人在場，大家就比較不願站出來承擔責任，會認為自有他人安排一切。因此在工作領域中，任務分配如果是不只一人，也沒有具體指定由誰負責，這樣很可能會妨礙專案的完成。例如說，同時

發送電子郵件給很多人卻沒指定誰來完成任務，可能就是無效管理的常見例子。

如果是在海軍陸戰隊，任務同時分配給兩個人，必定有一位要負責領導。然而在公司企業裡頭，管理者常常只說：「嘿～各位，現在大家一起來做這個。」公牛・葛芬強調說：「只是把任務分配給大家，就等於沒指定任何人啊。」

企業家丹尼・索爾（Dan Schorr）是在高功能（high-functioning）大型消費行銷品牌學會人員管理。後來他經營一家人力單薄，但活動很多的新創企業，需要快速而有效地管理一長串的任務清單。丹尼採用三「W」標記——誰（Who），在何時（When），要做什麼（What）——來幫助記憶，確保每個成員都能負責完成任務。

4. 檢討審查——動態更新

公牛・葛芬常常為一些監督管理碰上問題的企業提供諮詢服務。通常是管理者指派任務，預期可以完成。但是幾個星期過去，專案還是沒有做完，這時候管理者就會自己跳進來。

但葛芬建議在指派任務時應該更為審慎，才能提升專案完成的可能。他建議制定明確規畫、排定優先順序，為工作時程排定里程碑。現在包括新興企業到大公司都使用「關鍵績效指標」（key performance indicators；KPI）來設定目標里程碑。

史考特‧庫伯（安德森‧霍洛維茲公司執行長）也會先設定好目標，再據此詢問團隊需要哪些資源才能達成。

艾瑞克‧萊斯（Eric Ries）的著作《精實創業》（Lean Start-Up）[27]討論建構、衡量及獲取回饋的產品開發疊代（iterate）循環。派崔克‧歐夏尼斯（歐夏尼斯資產管理公司執行長）採用學習、建構、分享、周而復始的方式，也是一樣的想法。

一旦發現問題，優秀管理者會把它當做是學習的好機會。韓斯利慈善信託基金（Helmsley Charitable Trust）的羅莎‧修絲尼安（Roz Hewsenian）碰上狀況會先問：「是因為我沒提供指示或引導，或者你現在還沒辦法處理這件事？」她不會一昧指責團隊成員，而是專注在自己作為管理者，有哪些事情可以做得更好。

人才發展

並沒有什麼正式訓練的課程，可以讓我們從基層爬上資本分配者的位置。金融分析師證照也許能傳授投資和資本分配的基本原則，但投資的技藝還是要從學徒見習慢慢養成。耶魯大學投資辦公室為捐贈基金培養未來的投資長，一向是成效卓著。我自己曾在那個教室坐過五年，接受潛移默化的滲透教育和訓練，真是讓人難以置信。

提供專業服務的企業樂於提拔優秀人才，但也常常淪為
「彼得原理」（Peter Principle）的犧牲品。彼得原理說的是階級
式組織提升員工職位，到最後常常把他們提升到難以勝任的
層級。葛雷格・佛萊明在華爾街也看到這一點，有一些技術
人才雖然晉升為管理階層，卻缺乏有效管理的工具。有些人
才的工作成果非常豐碩，但成為優秀領導者的技能通常與此
毫不相干。管理者可以為晉升人員提供職層所需的技能訓練，
或是在晉升考核設定必要的技能標準，即可避開彼得原理的
糾纏。

　　羅莎・修絲尼安不強迫推銷自己的觀點，而是給予團隊
能夠發揮創造力的空間。她只要求盡責調查流程確實遵守，
然後就是密切注意相關技能的發展。羅莎在經理人辦公室
會見團隊時，她更關注的是團隊成員而不是經理人。她會
去研究大家準備了什麼內容，他們提出哪些問題，對於經
理人的答覆又做何反應。她在團隊內組織研究小組，其中
包括贊助支持、質疑發問還有一位團隊的資深成員，針對
每個機會都有三個不同的觀點進行審視。這套方法讓她對
團隊的工作廣度與深度充滿信心，只有在發現分析出現漏
洞時才會自己介入。

　　珍妮佛・普洛謝以「終身抽佣」當作提供激勵、協調薪
酬與員工發展的機制。團隊成員如果為公司拉到客戶，只要

成員在職就能持續獲得該客戶貢獻公司收入的 10%。她透過終身抽佣來指導創業大軍如何經營企業。要是他們這個月沒有領到抽佣，就會注意應收帳款和收款事宜。一旦價格出現變化，他們也會詢問佣金何以增加或減少。珍妮佛這個薪酬規畫對她的工作夥伴關係，確實產生奇效。

定期提供回饋，對於培養人才非常重要。不管是預先排定三百六十次檢討或定期目標檢查，優秀管理者都能找到方法，提供建設性回饋和設定發展目標。資本分配者對於培育發展的相關指標往往難以掌握，因為他們在專業上不太會設定決定營運盈虧的成長目標，像是銷售額或利潤率等等。儘管如此，設定跟投資組合有關具體可信的指標，也是為投資領導者提供一個定期審查和培養團隊成員的架構。

投資長本身也需要發展和學習。藍道・史都曼（欽佩領導力學院創辦人）及其團隊，曾跟很多投資機構的負責人合作，提供有效管理與領導的訓練。身處高層的企業主管可能都會覺得自己孤家寡人相當寂寞，因此那些投資長跟同行和培訓教練打交道，才是持續自我發展的好機會。

時間管理

招聘和培養人才、組織團隊、實施人員管理和監督投資

組合，都需要耗費大量時間。大型組織有自己的人資部門，包括團隊領導、行銷技巧、品牌故事和產品製造等，都有專屬經理人負責。但是在基金法人組織中，所有這些不同的角色卻是由投資長一肩扛起。要知道如何搞定這一切，多學一點時間管理技巧，應該是很有幫助。

公牛・葛芬特別強調向下指派任務的重要，領導部屬才有機會培養解決問題的技巧和應變能力。很多領導者事必躬親，頻頻自己出手。如此一來，反而是在監督方面輕忽責任。葛芬就會克制想要自己動手的衝動，而是慎重詢問團隊：「你們知道該怎麼辦嗎？告訴我要怎麼處理。」

珍妮佛・普洛謝則是一再重複這句話：「解決問題！不要拖。」她鼓勵團隊要全力解決問題，而不是在出現狀況時，焦急不安生悶氣。我們的運氣都有好有壞。那些勇於挑戰艱難的人會辨認好運氣，專注而不分心地讓它發揮最大效果。他們也會在運氣不好的時候努力把握，想辦法把危機變為轉機。

葛雷格・佛萊明每天一開始就先想清楚，哪些才是真正重要的事情、哪些不是。安排好重要事情的執行事宜，規畫由哪些優秀人才負責這些事，不必由他自己涉入，以及在重要和不重要之間的大小瑣事都有處置。

查特里‧西尤堂（「ONE 冠軍大賽」創辦人兼主席）以優先順序和急迫性做為 X 軸和 Y 軸，把大小要務劃分成四個等級。他每天從最優先、最急迫的任務開始，再向不優先、不急迫的任務慢慢推進，讓四個分類領域得以維持平衡。

總結

管理團隊是必須完全投入的必要工作，確保領導者願景得以順利實現。訪談來賓分享的這些工具，都是簡單而有效的管理概念。招募聘用、組織設計、專案管理、人才發展和時間管理，都是確保投資長願景得以實現的重要過程。

到目前為止，我們已經介紹投資長在工作中需要的一些技術工具。接下來的第二部分，是討論現代的資本分配者對於投資過程該如何思考和進行。

了解更多

Podcasts
資本分配者：大衛‧「公牛」‧葛芬——來自海軍陸戰隊的跨學科課程（第 10 集）

專書推薦

戴爾·卡內基（Dale Carnegie）《人性的弱點》（*How to Win Friends and Influence People*）

其實圖書館塞滿了管理類書籍，隨便你挑。我特別挑出這本是因為它對我影響最大。

第2部
投資架構

PART 2
INVESTMENT
FRAMEWORKS

除了工具包的工具之外，Podcast 節目的訪談來賓也詳細介紹他們的投資。接下來第二部分，即要討論現代投資長管理信託基金的架構，由上而下的順序是：

- 治理
- 投資策略
- 投資流程
- 技術創新

第二部分的最後，是以投資長處理二〇二〇年新冠肺炎大流行帶來不確定性的個案研究做結束。

第 6 章
治理

GOVERNANCE

「治理結構若是不好，投資也不可能成功。」

——卡爾·歇爾

幾年前，我認識的一位基金經理正在準備與大型捐贈基金的第六次會議。之前他們已經去捐贈基金的辦公室參觀過，跟基金會的年輕分析師、資產類別專家和資深員工見過面，也花了一整天跟大家一起參觀投資組合的相關企業。這次會議是第一次要跟對方的投資長做簡報，他們認為這是建立關係的最後關卡。會議進行得很順利，投資長也說會在下次董事會議提出投資建議。

結果一個月以後，投資長打電話給經理人說董事會否決提議。

這位經理人的遭遇並不孤單。我以前也跟那個基金會的某任投資長談過，這個組織在治理上是出了名的難搞。不過

我也不知道難搞到什麼程度，所以我問說投資建議被董事會否決的比例有多高。我聽到他回答「大概有60％吧」還真是嚇一跳。他說這也是沒辦法的事，就算開會前已經做好疏通工作，跟大家都談好了，等到董事們的自尊心相互碰撞變成一場混戰以後，會議走向就失控啦。

· · ·

在資本食物鏈中，投資長一向看作是在最頂端。但這不是故事的全貌。

來參加節目訪談的投資長都會說到有效治理的重要性。投資長做決定也不能像獨裁統治者一樣。其實他們也是在服務某個客戶，就是資本的最終擁有者。

在各種不同的資產家裡頭，家族辦公室可能是最容易理解，資本擁有者都是家族成員。而投資長要做的，就是確認大家的目標，並據此來管理資本。雖然說明起來很容易，但家族之中往往也是動態複雜，要做點什麼事都很為難。

大家也都知道，公共退休基金的投資長必須在滿滿的官僚作風之中做管理十分不容易。加州教師退休基金（CalSTRS）的克利斯·艾爾曼（Chris Ailman）掌管公共退休基金三十幾年，雖然一開始大家都認為「不必讀哈佛也知道，由政府主持投

資法人根本就不行」。克利斯要找個投資經理人必須由團隊送出政府規定的提案申請書，跟公務員找工程包商造橋舖路完全一樣。

捐贈基金設有投資委員會，這是負責向學校理事會報告的單位。投委會成員通常是知識淵博，而且找來的人也會跟設定目標一致。很多基金會可能也有類似的設置。主權財富基金是政府以公有資金做投資，這是為所有公民提供的長期服務。這種資本運用雖然時限較長且任務性質單純一致，對於投資操作來說甚為有利，但是在這當中可能也會包含地緣政治憂慮和衝突潛因，對投資就不太有利。

投資長和投資團隊負責擬定策略和日常執行工作。他們負責提出投資政策、策略和經理人選的建議，由董事會決定是否批准和執行這些建議。

監督資本大池的治理高層可以決定投資長及其團隊所有工作的存廢。穩健妥善的治理包括職責劃分明確、委員會運作順暢，各種激勵措施都跟組織目標一致。要完成這一切的基礎，就是所有相關人員必須溝通無礙。

角色與職責

孟宇（Ben Meng）在二〇一九年一月，就任加州公務員退

休基金（CalPERS）投資長。這個總值四千億美元的加州退休基金從一九三二年開始運作，為州政府員工提供退休金所需經費。經過八十八年後，它已經成為美國最大的確定給付（defined benefit）基金，也是全世界上最大的退休基金之一。孟宇身為投資長，就是坐上全球資本食物鏈最頂端的位子。

但十八個月以後，他辭職了。他的離職好像是因為他跟中國可能的關係、個人擁有黑石集團（Blackstone Group）七萬美元股票，以及他在二〇二〇年初決定取消一筆市場對沖交易等等壓力有關。*

各位可能以為，一個肩負重要使命、擁有近百年歷史的機構對政治關係、利益衝突和短期投資決策等等，一定都有明確的規則可循。然而針對孟宇離職的回應，加州公務員退休基金的董事會「在給予員工授權與保留決定之間曝露出理念上的瑕疵」。[28] 說起來，孟宇的離職也不是孤例。過去兩年來，加州公務員退休基金的營運長和財務長也先後退出領導階層。

孟宇在南加州的同行，加州教師退休基金的克利斯‧艾爾曼曾指出，公司治理的關鍵是明確定義角色與職責。聽起

---

* 取消對沖的時間是在二〇二〇年三月，正好是新冠肺炎危機爆發前，這個時機當時看起來的確很糟糕。要是等到六個月後股市全面回升，孟宇提出的長期對沖成本太高的理由聽起來就會好很多。

來很簡單，就是弄清楚誰該做什麼，而且實際上在做什麼。董事會和投資長，一起決定投資過程的每個步驟該由誰負責，並決定誰有權做出投資決策。

但，事情當然沒這麼簡單啦。

新的投資長進入歷史悠久的組織結構，對於要彌補前人遺留的空缺自是大有幫助。紐約華爾街三一教會（Trinity Wall Street），在二〇一六年出售數十億美元的房地產後，找來美樂迪絲‧詹金斯（Meredith Jenkins）擔任首任投資長。她原本以為上任後會有大筆現金可以慢慢做投資，沒想到教會之前找了臨時顧問迅速部署，把錢幾乎處分光了。後來美樂迪絲可是費了好幾年功夫才重新調整好投資組合，按照她上任前的規畫一一就位。

愛倫‧艾莉森（Ellen Ellison）在伊利諾大學厄巴納分校（University of Illinois Urbana）擔任投資長，把原本外包給某投資小團隊的基金會辦公室工作拿回來自己做。她也是在整條大船持續航行之際，就動手拆解進行改革。愛倫提出長達十五個項目的改革清單，從最困難的一個開始。之後的六個月，她都忙著調整治理工作，根本無暇碰觸投資組合。這些改革包括：投資委員會規模減半，為投資、短期融資、利益衝突、投票章程，以及最重要的資產分配制定新政策。

一直到這些基礎工作全部搞定以後，她才能開始重建投資團隊和投資組合。

投資長一旦摸熟狀況後，就會發現投資決策的權力範圍各有不同，從全權負責到無權置喙之間的各種等級都可能出現。對紐西蘭超級基金（New Zealand Super Fund）的麥特·惠納雷（Matt Whineray）來說，全權負責所有投資決策才是最基本的信念，他的團隊不必再經過什麼董事會批准就能做出投資決策。這個基金的表現在同行中名列前茅，有一部分就是因為授權明確，全權負責。

高功能治理流程須明確劃分職責。在類似麥特這樣的組織中，投資長可能擁有全部資產的分配權限，也能自行決定遴選基金經理人。蓋提信託基金的投資辦公室雖然投資組合政策還是要董事會批准，但經理人選可自行決定，所以吉姆·威廉斯（蓋提信託基金投資長）能夠迅速行動，確定經理人選。也有一些組織的投資長，可能擁有經理人選和特定額度以下的決策權力。最後一提的是，韓斯利信託基金和卡內基基金會（Carnegie Corporation）都有專責委員會保留所有決定的最終權力，但在充分討論之後也幾乎都會聽從投資辦公室的建議。

如果是沒效率的流程，決策單位難以採取一致的行動。在一些家族辦公室中，治理流程可能永遠飄忽難定。投資平

台「i 連結」（iConnections）的隆恩・畢斯卡迪（Ron Biscardi）和許多股實大戶合作過，發現這些家族在做決定時非常不容易。他們花很多時間談論彼此的事情，投資問題往往只排在第四或第五順位。當家族成員吵成一團，根本沒人理會投資想法時，投資長也很難把握時機做出決策。

獨立性高且資源豐富的機構，通常也比較依賴內部員工，而資源有限或必須面對公眾的機構則會找諮詢顧問合作，以協助應付治理挑戰。董事會依靠顧問的獨立與專業，來監督企業決策的效率。百老匯聯盟（Broadway League）的克利斯・布羅克麥爾（Chris Brockmeyer）經常為了客戶與管理顧問合作。他也強調，顧問需要獲得董事會所有成員的信任才能完成任何事情。厲害的管理顧問會小心翼翼，避開敏感雷區，知道什麼時候才能推動新想法而不會被拒絕。

過去二十年來，有很多中小型組織選擇把投資事務全部委外。這種外包投資公司（OCIO）通常也是由以前擔任投資長的專家所創立，可以提供專業化管理、資源和規模化的好處，這都是中小型基金難以獨自負擔的。外包投資公司取代組織內部的投資長，負責擬定投資政策和策略、執行投資流程，直接向治理委員會負責和報告，讓一些非投資組織，在處理複雜的資產管理得以省事許多。

但是要確定投資決策的制定方式以及誰要對這些決策負責，最後還是要由負責治理的董事會決定。所以他們也要採取相應行動，而這正是投資委員會可能遭遇阻礙的地方。

投資委員會

「治理結構是這個產業的致命弱點。有一些最嚴重錯誤即是董事會在錯誤時間陷於恐慌造成的。」

——美樂迪絲·詹金斯

克利斯·布羅克麥爾（百老匯聯盟員工福利基金總監）的職業生涯都是在董事會度過。身為劇場同業公會百老匯聯盟員工福利基金（Employee Benefit Funds for the Broadway League）總監，克利斯擔任雇主指定信託人，總共負責十一個多雇主退休基金、七個健保基金和四個年金基金，還跟十三個組織的董事會、四家顧問公司合作，掌管資產總額高達七十幾億美元。克里斯每週都要準備和主持一次投資委員會議。他跟著管理顧問一起合作的對象，從工會代表到業主都有。克利斯說有些狀況真是特別棘手：

> 我們曾經找顧問公司做私募股權研究。不過，我們提出要求，竟然等了六個月以後，他們才真正開始整個訓練過程。大概是有什麼原因碰到一些阻力吧，或許

是因為他們本身就不是這個資產類別的專家。等到我們都受過訓練、通過財務規畫證照（RFP）流程，也和更多顧問、工會託管人和雇主託管人做過許多討論，到最後卻變成雙方都難以彼此信任的狀況。可能是雙方都覺得顧問公司有所偏坦，都認為它對另一方比較好，所以整個狀況變得無可理喻，顧問公司提供的建議都無法獲得一方或雙方託管人的完全信任。到了這個地步，這家顧問公司也不可能再提供什麼有效建議啦。最後我們只好換一家顧問公司再重新開始。

對於投資委員會來說，成員的組成結構、會議期間的種種作為以及各個相關會議的交流溝通，就是決定決策品質的動態因素。

1. 組成結構

投委會的構成受到主席、規模、成員背景和動機所影響。金德瑞資本公司（Kindred Capital）的史蒂夫・加布萊斯認為：投資長必須獲得投委會主席的莫大支持才有可能發揮作用。也許沒有人比史考特・馬帕斯（聖母大學捐贈基金退休執行長）更能體會這一點。史考特在聖母大學三十年，和他共事的投委會主席只換過兩任。這種延續性讓史考特得以深入了解流程、增進彼此的熟稔和進行效率極高的對話交流。

但就算投委會主席有權有勢，委員會規模也可能大到難以駕御。史蒂夫‧加布萊斯同時參與大學、大型家族辦公室、上市公司、政府機關和兩家新興金融科技公司的投委會，他發現大型委員會最會拖延，對於該做的事情更常常覺得事不關己。麥克‧毛布辛（環球對位基金一致性研究總監）在本書第二章「決策」曾引用研究說過，委員會規模最好是四到六人。所以愛倫‧艾莉森把委員會規模減半，從原本的十八人縮減為九人，就是朝向高效率結構邁進。

投委事會成員的知識和經驗，可能包括各種領域。在一些主要的捐贈基金和基金會中，投委會多由大學校長或基金會主席與投資長協商後，精心挑選資深投資專業人士組成。其他法人組織的投委會也有延攬教師或民選公職人員擔任。像克利斯‧艾爾曼（加州教師退休基金投資長）的工作就是要不斷為投委會施以教育，因為這些成員普遍欠缺高深的投資知識，而且隨著選舉週期定期輪換。克利斯‧布羅克麥爾（百老匯聯盟員工福利基金總監）參與十一個組織的投委會，主要工作就是負責投資事務，但和他一起工作的託管人一個都沒有。

投委會如果是由投資專家組成，董事會成員也會提供他們的經驗，把組織使命放在首位，增加重要價值。

但有些成員雖有投資知識卻別有用心。就像史蒂夫‧加布

萊斯說的：「你可能以為大家都是德蕾莎修女，都是為了崇高理想來做善事。但勝利有一千個爸爸出來搶功勞，失敗只是個沒人出來承認的孤兒。」那些擁有正常自尊自大的專業投資人，很可能也想對外展現他們對世界如何強力運作的看法，所以，投資團隊給大學投資辦公室的建議，才會有六成被否決嘛。其他像是機構的重要金主，也可能別有所圖。偉爵資本公司（Verger Capital）的吉姆·登恩（Jim Dunn）說過一個例子是金主兼董事會成員，同時還是某上市公司的執行長：「這位執行長要是給我們一百萬美元，而我們又把這筆錢交給某個想要開除執行長的激進派經理人，那我的麻煩就大啦！」

要跟董事會建立良好而富有成效的關係，投資長必須善用現有資源，建立行為準則，經常交流溝通，而且長期上要特別注意哪些新成員加入董事會的決策。

2. 會議作為

當一群具有不同經驗和動機的人聚在一起，要順利走完決策過程可不容易。投資長必須注意的步驟之一，最重要的是，在董事會成立時對於會議整備和行為設定規畫與期望。查理·艾利斯參與耶魯大學投資委員會十六年，並且擔任主席長達十年，他說董事會能高效運作，絕不能碰運氣。

投委會成員都是精心挑選出來，首先是能跟大家一起

工作，願意傾聽以了解對方看法。第二是妥善而深入地進行準備。我參與投委會都要特別撥出一整天──從早上八點到晚上八點──來研讀相關文件，充分做好準備。需要如此慎重其事是不常有的。然後一年一次，我們要從頭到尾仔細檢討每個細節，檢查每一個假設是否仍然成立？或者我們需要做點小型或中型的改變，甚至是大舉改革？事實證明：這樣一整天下來，的確是成果豐碩。雖然幾乎是沒做過什麼徹底改變，但我們重新確認策略、政策和各種實務操作，把握這個深入討論的唯一機會。

像耶魯大學這樣設定期望、熱誠投入的投委會並不多。事實上，可說是非常少。賽斯．馬斯特在聯博資產管理公司（AllianceBernstein）幾十年來跟許多客戶合作過，他發現企業投委會大都是見樹不見林，看不到全貌也毫無遠見。

大多數董事會對那些應該要做的事情只花費很少時間，卻在零碎瑣事和無關緊要的標準上浪費大量時間。就好像我們攤開報紙只注意報導的文法有沒有錯、字有沒有印錯，卻不去了解那是不是假新聞。

透過複雜微妙的會議室做管理，可說是運用心理學和人

類行為的練習。克利斯‧艾爾曼說，這像是跟十二人的合唱團一起合作，雖然你可以跟團中的任何一位單獨互動，但真正成果是要聽整個合唱團唱出來。光是聽十二個人獨唱，並不能滿足他們的需求。克利斯‧布羅克麥爾從他以前擔任勞工談判代表的經驗擷取出一套方法：傾聽、理解、設身處地站在對方立場、充分表達你的不同之處，並嘗試說服對方接受你更好的觀點。

投資有賺有賠，當行情不可避免進入低谷，董事會的爭執傾軋也會在這個關鍵時刻達到頂點。一旦人性本質占了上風，就很容易做出錯誤決策。克利斯‧布羅克麥爾看過這種狀況，一次又一次地發生。

> 我們高價買進卻低價賣出，委託人可能不耐煩，最後
> 跟很多投資人一樣掉進同樣的陷阱，在行情最爛的時
> 候解僱經理人，又在行情最好的時候改聘新人。

不過，投資長畢竟是要讓董事會得以正常運作，這時候各種會議間的交流溝通就要派上用場囉。

3. 交流溝通

馬肯納資本公司（Makena Capital）的雷利‧柯查（Larry Kochard）以前在華爾街工作，後來進入維吉尼亞大學金融系擔任教授，現在是喬治城大學和維吉尼亞大學投資管理公

司（UVIMCO）的投資長，他也參與維吉尼亞州退休金系統（Virginia Retirement System）委員會的運作。在他擔任資本分配者的職涯中，也從來沒有放棄教育的角色。雷利認為對董事會不斷施以教育，是投資長經常被忽視的重要工作之一。那些樂意接受教育而不把這些看作是浪費時間的人，會為整個組織和投資過程帶來更多穩定。

投資長踏進董事會之前，就要跟董事成員經常聯繫交流，讓大家了解投資活動，運用彼此的關係和知識，梳理任何可能遇到的問題，在大家聚在會議室吵吵鬧鬧之前就要先收集相關資訊。華勒士基金會（Wallace Foundation）的湯姆・萊勒漢說，這是跟董事會建立信任、善意互動的必要過程，讓他們了解狀況並徵求建議。像這樣的過程每天都會發生，在每次會議、在每個決定中都會發生。

關於溝通交流怎樣最有效，不同組織會找到不同的方法。澳洲旅遊休閒運動產業退休基金「豪斯普拉斯斯」（Hostplus）的山姆・西西里（Sam Sicilia）會先搞清楚哪些建議可以在董事會提出、哪些不行，並且在決策過程中讓大家都能真正參與。辛辛那提大學的卡爾・歇爾（Karl Scheer）認為公開透明的溝通非常重要，但他必須在維持公開透明和偶爾放棄自由裁量之間取得平衡。

投資長要對董事會成員重複施以教育，和領導者傳達的願景保持一致。反覆申明各種投資理念、策略和行為，努力提升會議品質，也讓董事會在碰上困難時期也願意一起堅持下去。

刺激獎勵

傑克・梅爾（Jack Meyer）從一九九〇年到二〇〇五年執掌哈佛管理公司（Harvard Management Company），讓這個美國最大的捐贈基金，從四十八億美元增加到二百五十億美元。[29] 在他任職期間，哈佛的資金大都由學校內部自行控管，投資組合經理人也能獲得和多年出色表現相匹配的豐厚獎勵。投資績效愈好，獎勵就愈多。哈佛大學的基金經理人團隊都能專心為大學服務，漠視其他類似職位的誘惑。大家的投資績效也繼續蓬勃發展。

不過這套模式，在政治上缺乏資本繼續維持下去。一九六四年期畢業校友，一年又一年公開向校方施壓，要求投資團隊的薪酬獎勵也要按照高等教育實務相關規定。[30] 到最後，傑克和他的投資組合經理人都受夠了吹毛求疵，全部打包走人。喬恩・賈克森（Jon Jacobson）創辦海菲茲資本公司（Highfields Capital），菲爾・葛羅斯（Phill Gross）創辦艾德吉資本公司（Adage Capital），傑克・梅爾創辦凸面體資本公司（Convexity

Capital）。結果大家都從捐贈基金那裡獲得大量撥款，而且拿到的薪酬比以前在學校還多。但從此以後，哈佛的投資計畫就一直在變動。

投資經理人、投資長和董事成員都會受到獎勵的推促。資本分配者和管理階層要保持一致，獎勵是給予出色的長期表現，而不是刻意炫耀。

投資長的薪酬結構還有很多不足之處。雖然管理階層的薪酬問題廣受矚目，企業投資長往往還是沒有獲得與其使命相匹配的經濟獎勵。許多家族辦公室的投資長領的是固定薪水，也只給予有限的財務資源就叫他們跟大家一較高下。公共退休基金的經理人掌管幾十億美元，卻是支領公務員薪水。

要改變這些大型投資基金的獎勵措施，會是一場又一場艱苦的戰鬥。佛羅里達州管理委員會的艾許‧威廉斯（Ash Williams）說在公部門修正薪酬獎勵，簡直就像在中東地區締造和平事業。他花了六年，跟州政府的諮詢委員會開了十五、二十次公開會議，好不容易才成功達成目標。州政府退休基金的徹底改變雖然煩擾多年，最後證實是值得的。

捐贈基金和基金會也有自己的薪酬問題。首先是組織內的政治。捐助者和學校教授，都不想看到投資團隊的領導者

支領高薪，就像剛剛說到的哈佛那樣。史丹佛大學的艾胥
比·孟克（Ashby Monk）就說，在美國，足球教練每年可以賺
七百萬美元，但投資長如果也領這麼多，卻被說是罪大惡極
無天理。

第二個是期限問題：投資長的任期往往比他們管理的資
金週期還短。《法人投資機構》的吉普·麥克丹尼發現，很
多資本分配者都說是長期投資人，但團隊員工全是領薪水的
短期過客。就算投資長保有長期獎勵措施，那些主要是為一
代又一代的學者和獎學金接受者服務的基金，對於投資績效
的評估期也很少超過三年。

第三是比較：很多投資長的薪酬要跟同行的表現相比較。
但是這種做法對捐贈基金和基金會卻很不好。有些規模相當
的機構投資長會被歸為同一等級，支領相同水準的薪酬，卻
忽略了每個機構都有不同的獨特需求。這種錯誤安排可能導
致不正常的行為。我記得有位信貸經理說他獲得某捐贈基金
的投資，但對方同時開出清單警告他，不得接受清單上其他
八家捐贈基金的資金。透過獎勵措施獲得的反應是，這位投
資長把潛在的合作對象全部變成競爭對手。

獎勵結構也會隨著時間累積而演變改進。加拿大退休金
計畫走在正確道路，正在設計獎勵長期穩定成果的薪酬制度。

魁北克儲蓄投資集團（CDPQ）的馬利歐・賽里恩以曲棍球員舉例說，要爭取的是保障多年薪酬的長期合約，不能只想在四年賺大錢卻冒險斷送職業生涯。加拿大退休金計畫現在已經成為未來的典範，不但團隊成員流動較少，而且個個表現出色。

總結

有效治理，可能是影響法人機構投資績效最重要、卻也最常被忽略的驅動因素。明確定義董事會和投資團隊的角色和職責，設立及管理投委會、適當調整獎勵措施，都是成功治理的重要關鍵。

治理結構一旦到位，投資長才能專注在他們最熟悉的日常角色：為資本進行投資分配。這個過程從他們如何看待世界開始，因此下一章的主題是投資策略。

了解更多

Podcasts

資本分配者：史蒂夫・加布萊斯──在會議室（第48集）

白皮書

投資委員會最佳治理實務──格林威治圓桌（Greenwich Roundtable）[31]

非營利組織投資管理原則──共同基金機構（Commonfund Institute）[32]

第 7 章
投資策略

INVESTMENT STRATEGY

「要成為優秀投資人，不需要什麼特別的投資風格，
只要對你正在做的事有堅定看法。」

——班‧因克

　　小型的專業法人機構也設置投資長，說起來還是比較晚
近才出現的新做法。一九九〇年代初期，我在耶魯捐贈基金
擔任分析師，那時候可能是全國唯一一個擔任資本分配職位
的人。我在 Podcast 節目邀來的投資長貴賓來自許多不同的產
業領域。這些第一代投資長毫無疑問都是自己摸索而來，學
會這門技藝。大衛‧史雲生的《開創投資組合管理》正是這
方面的開創聖經，但是光讀書也比不上活生生的實戰經驗。

　　投資長對於投資運作各有理念，投資活動是根據理念來
決定，接下來即是遵循理念、嚴守紀律，來執行投資策略。

　　投資策略的核心是圍繞資本目的而存在，對於投資的時

間範圍、利益相關者的偏好、政策組合和投資運作的結構都會帶來影響。

資本目的

捐贈基金的任務是要管理資產的跨世代運作，為後代學者保留購買力，也要維持現今開支的平衡。安迪·高登（普林斯頓大學投資公司〔PRINCO〕投資長）說他的時間設定是「BLT」：比長期還長（beyond the long term）。他努力的不只是未來十年儘量爭取好結果，也要確保普林斯頓再下一個十年的種種規畫保有更大優勢。這種超長時間幅度同時要兼顧每年開支，讓組織偏向股票投資和多樣分散。

基金會和醫療機構在組織章程上的使命，也有所不同。建立基金會是採用原始捐助者認可的重要方式來回饋社會和世界，醫院資產則是為了幫助有需要的人。這些組織的設定，很多都是為了長期運作。其他有些基金會，例如查克·菲尼（Chuck Feeney）的大西洋慈善基金會（Atlantic Philanthropies）是要捐贈創辦人一生累積的所有資金。[33]

澳洲退休基金是為年輕世代解決退休後的財務需求。山姆·西西里在豪斯普拉斯掌管的這筆資金，會有資金持續流入幾十年才會開始支用，所以他的投資理念專注在增加資本，

不太需要考慮臨時性的流動需求。

企業退休基金和公共退休基金是要解決退休人員的需求，為了配合限定期間內的固定支用金流，自是偏重固定收益資產。

至於個人累積的資本，當然都有各自的用途。就投資而言，里多茲財富管理公司（Ritholtz Wealth Management）的喬許·布朗（Josh Brown）認為花招少一點，收穫才會多一點。那種第一次對話就想問機構投資組合有什麼甜頭的投資人會被拒之門外，他說這也為了大家都好。

時間範圍

法人機構資金運作的時間範疇比較長久，甚至是超出任何一位投資長的任期。因此避免職涯上遭遇風險會成為投資決策的最大動力之一，再者投資長也普遍表示，耐心是成功的重要關鍵。

對於馬利歐·賽里恩來說，耐心才能伴你渡過艱難時期，不慌不亂。他說長期投資其實是投資表現欠佳，撐在谷底的時間比別人更長。體育記者班·雷特（Ben Reiter）談到：二〇一七年，休斯頓太空人隊打世界大賽冠軍盃時，分享一個類似的故事。那一年，太空人隊得以異軍突起的原因之一，就

是耐心。他們在大聯盟墊底多年，還是忍得住尷尬難堪和痛苦折磨，對於自己的戰績規畫，不偏不離很有信心。*

　　理論上，需要比較長期的投資，投資人卻傾向於縮短時間範圍。安迪·高登（普林斯頓大學投資公司〔PRINCO〕投資長）雖然看長線能長到幾十年，但他認為真正的時間範圍是投資長在不當改變路線之前，可以忍受巨量壓力多久。分散信託公司（Diversified Trust）的比爾·史畢茲認為，這個時間大概是三年。他說第一年表現糟糕時，委託人會很焦慮。第二年繼續糟糕就更焦慮，而且開始想要殺股票，等到他們真正採取行動需要再花一年時間。山姆·西西里在二○二○年新冠疫情開始大流行的時候暫停資金部署，當時澳洲政府突然開放退休儲蓄的提款權利，讓退休基金產業如同遭遇偷襲。

環境因素

　　投資長都是在實戰中成長，慢慢發展出一些成功投資的信念。大衛·史雲生原本是經濟學博士，他的投資理念來自學術研究。耶魯大學的投資經理人長期偏向股票，尤其是價值類股和小型股，投資組合比較集中。他的門生都是在他的監督下學習這門交易，他們觀察到耶魯投資何以成功，本身

---

* 　當然，那時候雷特也不知道太空人隊很快又要經歷尷尬難堪和痛苦折磨，因為調查人員後來發現球隊玩陰招才拿下冠軍。

也都為大學有所貢獻，因此這些人大概都擁有相同信念。

安娜‧馬歇爾在美國境外長大，她的職業生涯一開始就是專注在高收益和新興市場債務研究。她對國際市場比較有興趣，而且特別注意行情欠佳時的保護措施。

如今的資本監督者愈來愈注重信念整合。過去的管理機構對投資長的要求，幾乎都是在限定風險水準下達成投資報酬最大化。但最近的投資長在投資決策中，也開始會考慮到組織承擔的更多使命。

在投資分析中，考量環境、社會和治理（environmental, social and governance；ESG）因素以達成永續投資的趨勢，是最近資產管理方面的顯著變化。投資長在投資決策上，可能會排除一些對環境有害的資產，從「ESG」觀點來進行決策，對受益於「ESG」趨勢的主題進行投資，或者運用影響力投資（impact investments）直接處理永續問題。主持全球最大退休基金「日本年金積立金管理運用」（GPIF）獨立法人機構的水野弘道（Hiro Mizuno）也知道總額高達一‧五兆美元的資產是如此龐大，所以日本退休基金也必然擁有全球性的投資組合。他的團隊所努力的，不是提升報酬高於某項標準，而是專注在提升全球性投資組合的報酬。水野認為投資環境永續資產、企業及市場，才能維持退休基金的長治久安，因此他採取許多措施來鼓勵整個

資本生態系統重視「ESG」因素。

政策組合

過去的投資機構對於資產類別特徵和目標評估，都是採取自上而下的評估，再進而形成政策組合。投資長運用計量分析，充分了解市場狀況後下判斷，選擇最適合實現目標的策略來配置資產。這些目標即是提升投資報酬的重要動力，也是為未來發展奠定基礎。威利顧問公司（Willett Advisors）的史蒂夫・雷特納（Steve Rattner）認為，在正常情況下，報酬大都來自「貝它」值（beta；指投資組合與大盤的連動性），而「阿爾發」值（alpha；指超額報酬）只占很小的比例，不管你多麼會挑基金經理人而他們的操作有多麼厲害。

現在的投資長，則對政策組合的觀點做了一些精細的調整。回想起來，資產配置可能會影響投資績效，但投資長並不宣稱自己比較厲害，會預測資產類別的投資報酬，就算有其實也很少。資產類別評估除了和董事會有效溝通之外，要做為投資組合的定錨仍有很多不足之處。首先是資產類別可能變成嚴格的投資範疇。羅莎・修絲尼安（韓斯利慈善信託基金投資長）發現這種嚴格限定的「盒子法」（the box approach）會是一場災難，資本分配者可能妥協某些標準以求收入某些投資，又因為不符標準而錯失某些很棒的投資項目。

傳統的資產配置對現在的市場狀況也不比過去敏感。麥特·惠納雷（紐西蘭超級基金執行長）發現資產類別也各有生命週期，愈來愈多機構投資人跳進去以後，超額報酬自然隨著時間慢慢下降。關注特定資產類別吸引力的變化，也是考量未來投資報酬的重要因素。順著這個方向思考，葛馬奧基金公司的班·因克（Ben Inker）認為，其實投資人在回答「我要付出什麼代價」的問題之前，也無法明智評估狀況。

在傳統資產類別結構上，投資長也有創新，不再只是設定幾個資產類別做為目標，而是為投資過程塑造靈活度。澳洲未來基金（Australia Future Fund）的雷夫·安德（Raphael Arndt）發現，選擇權價值的靈活性就不是傳統投資組合理論會考慮的對象。吉姆·威廉斯（蓋提信託基金投資長）認為，資產類別說到底也只有兩種嘛：借來的跟自己的。其他只是形式罷了。史考特·馬帕斯（聖母大學捐贈基金退休執行長）把聖母大學的資產類別從六種縮減為三種，只留下公開上市、私營募股和投機（opportunistic）三種，主要以流動性做區分。但更多分類選項讓投資團隊可以從中選取最好的操作經理人，比較各種不同於傳統資產類別的風險和報酬。

麻省理工學院的賽斯·亞力山大，採用以經理人為中心的配置架構取代過去的資產類別。這個團隊一直在尋找不依賴資產類別或策略的優秀經理人，根據經理人信念、資產吸

引力、彼此關係的好壞、流動性以及相對麻省理工投資組合的策略分散特質來設定部位大小，也仔細衡量伴隨而至的風險，設置總額限定以維持足夠的分散程度。[34]

麥特・惠納雷考量風險因素來部署紐西蘭資產。他先創立一個容易複製、成本低廉的參考組合，這是採用被動投資的影子組合。參考組合不以資產類別為考量，只強調成長性、通膨、流動性和操作代理等潛在驅動因素，讓治理委員會「守護者」（Guardians）得以評估預期報酬，跟主動型投資做比較，了解價值差異程度。

麥特的策略投資組合是設定幾個風險額度，確保主動型投資風險得以一致分散。這種風險組合和一般決定報酬的驅動因素很不一樣，主要判定標準不在於個別投資的特徵，而是包括資產選擇、結構、市場定價－套利和融資、市場定價－廣泛市場和市場定價－實體資產。[35]

需要特別注意的是，引入靈活度可能會導致維持決策者的紀律準則遭到移除。「市場時機」對投資機構可是個雙面刃，跟靈活彈性一樣。強納森・賀托（賀托－卡拉漢公司執行主席）在傳統組織結構中，以不算太多的偏倚傾斜來平衡紀律與靈活，如此即可產生巨大影響，避開大概十年出現一次的泡沫行情。

團隊結構

法人投資機構通常把重點擺在從外面徵聘基金經理人。資本分配者認為，找到跨越資產類別、地理區域和策略的專家，要跟他們合作而不是競爭，才能運用豐富資源，創造更高報酬，即使這種做法可能需要負擔高額費用。

組織經理人選拔團隊需要一些不同成員。吉姆·威廉斯認為，其中需要資產類別專家才能提供專業領域的深厚知識和人脈，尤其是一些傳統資產之外的品項。相較之下，「BBR」合夥公司的布雷特·巴斯（Brett Barth）和金·盧比較重視團隊成為通才，對於各種機會的風險與報酬都能有所理解和進行比較。哈克薩美麗達健康公司（Hackensack Meridian Health）的唐娜·史奈德（Donna Snider）採用混合模式，配備通才的資深投資專員和比較年輕的專業分析師，讓資淺成員專注在特定領域可以學得更多、貢獻更快，而且獲得更多歷練。

一些大型基金組織逐漸把資產管理收歸內部運作。徵聘團隊來直接管理公開上市或私營資產，在操控、流動性和成本方面是比較有好處，但潛在缺點是，花錢請來的人才範圍相對比較窄小。澳洲營造建商公會退休基金（Cbus Superannuation Fund）的克利斯欽·霍克（Kristian Fok），負責監管的基金已經大到不能只是外包處理。他需要做出一些改變，看是要擴增操作能

量，或是更換報酬金流，而且必須改為內部管理。索羅斯基金管理公司的東恩‧菲茲派崔，把擅長的事務留歸內部管理，特定利基市場則尋找外面的優秀人才代勞。

艾許‧威廉斯（佛羅里達州管理委員會投資長）相信，一定可以找到厲害的基金經理人願意到佛羅里達海灘過花費較少的悠閒生活，而不是在喧囂繁忙的紐約汲汲營營只為了賺大錢。史蒂夫‧雷特納說組織內部的直營投資，像是為捐贈基金操作模式添加一些風味特殊的醬料。史蒂夫認為，只要組織提供優渥薪酬就能招募優秀人才，這比支付外部經理人20％分紅還要划算。

要成功做好內部管理，也許比外表看起來還要麻煩。雷利‧柯查（馬肯納資本公司投資長）任職於在維吉尼亞大學投資管理公司（UVIMCO）時，即在組織內部操作公開上市股票投資組合。他的團隊從經理人那裡學到一些東西，就依樣畫葫蘆地建立一些有趣部位，但在部位管理和出脫時機上可就碰上困難囉。

加拿大的退休基金率先把資產管理轉移回內部，在這方面領先全球，相信他們擁有治理、薪酬和人才優勢可以成功管理。魁北克儲蓄投資集團的馬利歐‧賽里恩，目睹過去二十年來由外轉內的管理變化，現在這個基金大約九成資產

都由內部操作管理。不過操作重心雖然轉回內部，魁北克儲蓄投資集團還是把外部經理人當作是「通向世界的窗口」，在其中發現巨大的價值。

總結

投資長清楚揭示投資策略，這是應對投資挑戰的指引明燈。這個過程是從一套理念開始，透過策略為投資長奠定實現目標的基礎，接著才能在市場中執行策略，這也是下一章要討論的主題。

了解更多

Podcasts

資本分配者：強納森・賀托──外包投資公司的先鋒（第98集）

資本分配者：麥特・惠納雷──紐西蘭超級基金的創新（第108集）

專書推薦

大衛・史雲生《開創投資組合管理》（*Pioneering Portfolio Management*）

第8章
投資流程

「嚴格控制流程是處理麻煩的基本條件,它讓你在手氣順利時如虎添翼,也會有更多力量抵抗挑戰橫逆。」

——傑森·卡普

設定策略之後,投資領導者要注意的是執行計畫的過程。傑森·克萊恩(史隆·卡特林癌症紀念中心投資長)說,這是把某種世界觀塑造成經濟上可以利用的賽局計畫。

投資長要擬定投資策略,定期和董事會進行審查檢討。然後,投資長要進行的工作就是執行投資策略,包括找到外包經理人、進行研究分析、建立投資組合和監督投資進行。這幾大項目都是步驟繁多的過程。

外包經理人

明確定義的投資理念與策略,可以幫助資本分配者從浩

瀚無邊的投資曠野縮小潛在目標。根據 NEPC 投資顧問公司收集的數據資料，主動型經理人管理的美國股票基金大約三千八百五十檔、國際股票基金五千一百檔、固定收益基金四千八百檔、平衡策略基金二千三百檔和八千檔避險基金。然後還要再加上大約三千二百位私募股權經理人、五千四百位創業投資經理人、一千二百位房地產投資經理人和四百位基礎設施投資經理人，所有這些可供資本分配者考慮和挑選的基金，高達三萬四千二百五十檔之多。

審查檢討的最大限制在於，時間。投資辦公室的首要任務是，監督現有投資組合的操作經理人。典型的法人機構可能會投資一百檔基金，跨越多種資產類別，每年和這些操作經理人大概都會見個兩到四次面。他們也要花很多時間來估算衡量投資績效和管理風險。光是處理現有投資組合，大概就會占用團隊一半以上的時間。

投資團隊同時必須兼顧的優先工作是，打點組織內外的溝通交流。團隊要定期在內部參與研究討論和投資委員會的會議，每次會議都需要做許多準備工作。

隨著時間慢慢過去，投資團隊也要研究一些新機會。這個持續不斷的過程包括：閱讀相關領域的新聞、策略文章、經理人信函和企業報告。這些工作都在訪談候選經理人的準

備之前就要先做。

投資團隊的成員，每年大概會有足夠時間觀察兩百到四百檔新基金。換句話說，一個典型的投資辦公室每年面對那麼多機會，但實際能夠進行研究審查的對象不會超過1%。基金經理人真正能跟法人投資長見面的機會，大概只有高中畢業生錄取耶魯或哈佛大學機會的六分之一而已。

那麼，投資長要怎麼指導團隊找出投資組合的候選經理人？

首先，運用一套規則來過濾篩選，再加上現有經理人推薦、個人及專業人脈的意見、同行想法和最後的自我推薦。

1. 過濾篩選

投資長必須運用一套過濾篩選方法來淘汰不適合加入投資組合的基金。雷夫·安德掌管的澳洲未來基金高達一千六百億澳元（約一千零五十億美元），不能浪費時間在那些無法部署上億美元的基金上。相較之下，伊利諾州大學基金會的愛倫·艾莉森只掌管三十億美元，她就特別偏愛規模較小但也不會太小的基金。她通常會避開那些大型基金，只尋找那些不會小到欠缺穩定、又不會大到無法利用無效率市場的中量級基金。其他常見的篩選標準，可能還包括：所有權結構、金融商品廣度、經理人職位任期、長期績效記錄

和資產管理類別等。

這些經驗法則，固然把一些優秀經理人排除在外，但對投資長來說，只是偶爾遺漏一些人並不是嚴重錯誤。衛斯理大學投資長安妮‧馬丁認為：「不是每一筆好交易都要由你來做，而是確保你做的都是好交易。」同樣地，布雷特‧巴斯對於自己沒做到的好投資，倒也不太在意，但是對於自己所託非人找到不太好的經理人，就讓他覺得很不高興。

2. 現有投資組合

大多數投資長都會發現，從現有投資組合經理人的推薦發現新投資機會，是不容錯過的優勢。這些投資組合經理人跟投資長擁有互通共容的投資理念，能融入組織選定的投資策略，有些是因為操作技巧高超而獲得選拔，跟投資長的成功監督擁有共同利害關係。史考特‧馬帕斯（聖母大學捐贈基金退休執行長）認為他選擇的經理人，都是他在市場上認識最聰明的人，不然他才不會跟他們一起投資。

史考特經常向經理人討教，詢問他們所在領域或人脈中最優秀的人才。他在為投資組合考慮新經理人時，也會向現有經理人尋求具體建議。

3. 內部人脈

投資長也要利用團隊與董事會成員的個人及專業人脈來

識別和篩選新經理人。羅莎・修絲尼安（韓斯利慈善信託基金投資長）一定會讓團隊的每一個人都參與這個過程。她說，年輕人會有一些不同的發現，因為他們的經驗比較少，也因此，比較不會受到經驗帶來的偏見所影響。

有些投資長和外部顧問合作以擴大人脈網路找尋機會。投資長可以聘請顧問提供創意和想法，利用諮詢顧問的盡責調查資源，做為穩健決策的支援或根據盡責調查逐項覆查檢驗。與外部顧問的合作程度，和投資長擁有多少資源有關：資源愈多的投資長，往往也比較少依賴外部顧問。

4. 同行建議

法人機構的資本分配者，常常成群結隊，一起四處旅行。每個投資團隊當然都以找到自己想法感到自豪，但大多數也都會結交一些值得信賴的同行，大家一起分享想法，擴大彼此的交往人脈。

5. 自我推薦

對很多經理人來說，嚴酷的現實是自己打電話過去並不能跟資本分配者拉近關係。經理人必須找到投資組合的另一位經理人、團隊內部人脈或是靠同行推薦才能找對門路，否則很難引起投資團隊的注意。

目標特性

資本分配者面對一群充滿期待的基金經理人時,最害怕他們一定會提出的這個問題:你在經理人身上尋找的是什麼呢?

把複雜任務濃縮成簡單骨架,無法充分說明,資本分配者為了充實投資組合,每天實際上要經過多少井然有序的考究流程。各位在這一行要是待得夠久,總會聽到哪個團隊採用哪種簡單的字母簡稱妙方,說明選擇經理人的重要法則。

3A 法:方法(Approach)、優勢(Advantage)、一致性(Alignment)

3P 法:人員(People)、流程(Process)、績效(Performance)

3T 法:人才(Talent)、流行(Trendy)、追蹤失誤(Tracking Error)、盯梢(Tails)、通行(Tolls)

這些簡稱各自提示特點,強調關於人才、競爭優勢與結果的重要性。我也曾在業界會議上提出自己的字母簡稱妙方。房地產投資常用「地段、地段、地段」(location)這種陳腔濫調來強調重點。我把那個主題做點改變,強調聘雇基金經理人最重要的三點「三C」是:性格、性格、性格(character)。

擺脫這些生搬硬套的字母簡稱,投資長還是聚焦在性格、

利益一致、競爭優勢和交易條件吧。

1. 性格特質

投資長選擇合作夥伴時，必定也重視人員的特質。訪談來賓跟大家分享過一些他們最喜歡的格言，說明原因何在。

「高尚品德是假裝不來，也永遠不會失去。」

——查理·艾利斯

「過去的表現未必代表未來的結果，除非是涉及品德天性。」

——喬恩·哈里斯

「跟糟糕的人做不出好買賣。」

——布雷特·巴斯、湯姆·盧梭和馬特·波登

評估個性是否良好，不免非常主觀。判斷力、謙虛、信賴感和道德，都是常常被提起的本性特徵。其他受到大家歡迎的個性元素，包括：競爭心態、家世出身、好奇心、上進心、自我認識和個性氣質。

投資長對於品性的評估不是只限於個別領導者，而是從整個組織的文化來考量。藍道·史都曼（欽佩領導力學院創辦人）把文化定義為在企業中學到的行為規範。資本分配者會花時間和領導者身邊的團隊，一起尋找有凝聚力而一致的文化。

2. 利益一致

「利益一致」這句話，從來不會離開投資長太遠。管理者以這樣的方式來服務投資人，包括薪酬安排、適當的資產管理和透明度等等，才會讓投資人感到滿意。

查理・艾利斯（格林威治合夥公司創辦人）把資產管理的業務和投資專業分開看待。資產管理業務是要增加管理費和營收，而投資專業是要創造超額報酬。資本分配者喜歡的投資對象，是執行投資專業但小心調控兩者張力的人。基金經理人需要穩健業務才能專心在投資專業，業務狀況要是距離投資專業太過遙遠，整體成果可能就會受到影響。

為投資策略決定合適的資產規模，與其說是科學不如說是藝術。需要大量基礎設施的投資策略，管理者可能需要擴大規模才能有效競爭。得利於策略巧妙靈活的經理人，可能會發現資產變得太大，反而會縮小獲利機會。

透明度也是個重要問題。資本分配者希望充分掌握自己支持不斷發展的組織，努力追求擬定的策略，在不停變化的市場中控制好風險曝露。保持坦誠開放的溝通管道，資本分配者就能從這樣關係中，獲得更多的滿足。

3. 競爭優勢

成功的投資必須能抓住那些捉摸不定的「優勢」。麥克・

毛布辛（環球對位基金一致性研究總監）以字母縮寫「BAIT」，說明經理人應該具備、也是資本分配者重視的競爭優勢。[*]

B：行為性（Behavioral）：針對行為偏誤進行管理，包括過度自信、確認偏誤、錨定、虧損厭惡和近因偏誤（recency bias）。

A：分析性（Analytical）：提升資訊處理優於其他投資人，包括原始的腦力投入或投資組合建構技巧。

I：資訊性（Informational）：擁有比其他參與者更好的資訊，例如在很短時間內的計算能力。

T：技術性（Technical）：確定其他人採取行動的非根本原因，通常是來自委託代理（principal-agent）問題和流動性需求，以及在市場混亂時把握機會運用資本。

在本書第三部分的「投資教訓」中，受訪來賓會跟大家分享，他們對於投資優勢構成因素的看法。

4. 交易條件

交易條件當然也要考慮在內。資本分配者更喜歡管理費和績效獎勵綁在一起，資本期限和投資策略一致，而且是鼓勵長期投資為導向。

---

[*] 麥克主要是操作公開上市股票市場，但他這套架構普遍適用所有的資產類別。

管理費是不斷帶來審查檢討的原因。董事會雖然不知道投資報酬淨額到底行不行，但他們會看到預先支付的管理費。資本的最終所有人，最後也只能拿到報酬淨額，而參照過去經驗來看，管理費收得比較多，也未必就會有優秀的績效。光圈投資人公司（Aperture Investors）的彼得・克勞斯（Peter Kraus）指出，資本分配者要在一大群基金經理人中做選擇，但經理人設定的管理費結構和動機是為了擴張資產，而這個導向，其實不利於資本分配者重視的投資績效。

　　雷利・柯查（馬肯納資本公司投資長）一直想找出降低費用，又不會犧牲品質的方法。不過有很多投資長都說，要是投資績效確實出色，他們也樂意付錢買單。

> 「如果我相信績效淨值的表現會更好，大概任何水準的費用我都願意支付。」
>
> ——史蒂夫・雷特納

> 「其實我每天早上醒來都會祈禱說，希望今年要支付的費用創新高！」
>
> ——喬恩・哈里斯

> 「只要能夠發揮效果，大家就不介意付費。要是只出得起花生，就只能找到猴子囉。」
>
> ——拉胡・穆德加（Rahul Moodgal）

「你要是認為可以同時獲得非凡績效表現又能把費用壓到最低，那根本是在開玩笑嘛。找到真正的好人才，就要付錢給他們。」

——安德列·佩羅德

除了費用之外，資本分配者還要研究法律文件上那些條件，確定經理人如何看待和對待他們的投資人。達拉斯兒童健康中心（Dallas Children's Health）的克莉絲蒂·漢彌爾頓（Christie Hamilton）說，要把這些文件看完可不容易，因為：「你應該質疑的，通常是在第三十頁的第十段才出現！」喬恩·哈里斯想知道投資私募股權的有限合夥人，重點是在「有限」還是「合夥人」。他說，在這種投資人要把談判權力轉交給經理人的市場中，一定要仔細檢查各項條款。[36]

盡責調查

對於投資新機會展開研究，包括：一系列面對面會議、幕後研究和提出投資建議。資本分配者要針對目標經理人及其投資過程，評估其中的吸引力、一致性和可重複性等特質。除了能力受限的情況外，資本分配者在真正投入資金之前，對於目標經理人通常都已認識多年。比爾·史畢茲（分散信託公司創辦人兼社長）說，選擇經理人的過程就像是在約會：「你不要第一次就做決定啊！」

1. 會議

最開始的幾次會議，集中在相關人選的背景和過去資歷，通常要在不同場合多聽幾個不同來源以測試一致性。「NEPC」投資顧問公司的提姆・麥庫斯克（Tim McCusker）拜訪經理人辦公室，會注意觀察團隊之間的互動。他要看的是辦公室的環境和狀況、指揮層級與交流溝通的品質。安妮・馬丁會邀請經理人離開辦公室，以了解他們的更多資訊。她認為不能一起吃晚餐的人，也不應該投資他。她想要知道的是，她和目標經理人的關係能否通過苦難與折磨的考驗。

之後的會議則是深入探討投資流程、建立投資組合以及其中的投資項目。史考特・威爾森（Scott Wilson）和聖路易斯華盛頓大學團隊重新確認經理人的投資，必定進行獨立證券分析，以確認那個投資點子的吸引力。

2. 研究探索

除了互動收集資訊外，資本分配者也獨立進行審查來加以補充。他們會詳細閱讀經理人提供的資料，研究公開資訊確認訪談陳述，與競爭對手會面打探消息，從各方面詳盡檢查做為參考。資本分配者通常運用盡責調查清單，以確保查核相關工作沒有遺漏。

而且不要忘記，資本分配者也一定會研究目標經理人的

過去表現。有些人會把過去表現當作是未來的指標。更精明的資本分配者運用過去記錄，深入研究目標經理人在順境和逆境時的行為。過去表現未必指向未來的報酬，但那種處理事情的態度和方式，會長時間持續存在。

投資長及其團隊一起進行盡責調查，衡量機會與風險。安妮‧馬丁對於遠離人群感到自在，但她也想知道，自己有沒有看到什麼別人疏忽的東西。要是她覺得某個經理人很不錯，但沒有其他厲害的投資人跟她看法一樣，她會仔細研究為什麼沒有。也許她的看法才正確，但她會再三檢討自己的觀點。

史蒂夫‧雷特納指出，就算完成種種的研究和探索，是否投資經理人的決定畢竟是主觀判斷。他會仔細看著這個人，以了解他們是否具備動力與決心成為偉大的投資人。

3. 建議推薦

資本分配者把研究探索製作成書面投資建議，提交決策機構。這些備忘錄會涵蓋目標經理人的各個方面：專業背景、操作團隊、投資機會、創意衍生、財經研究、投資決策、投資組合建構、風險管理、績效評估和營運方式等等。

跟交易員每天做日誌以掌握日常思維過程一樣，細密周到的資本分配者會在書面建議中，加上簡單明瞭的投資探索

和預先辨識的風險評估。深入探索，必須是根據可待公評的證據才有效，並非只是事實陳述，因此資本分配者時時檢討這些思考，不會只拘泥在最近表現。我曾經對團隊說，光是討論經理人聰不聰明，沒什麼用啊！除非我們要定期測驗他們的智商，萬一投資狀況惡化就做為贖回的依據。比較好的討論可能是跟毛布辛「BAIT」之中的某個特性有關，例如，私募股權公司有多少能力，可以透過卓越營運來提升被收購企業的獲利率。

建立投資組合

投資長根據資產配置的政策目標、對經理人的信任程度、流動性與風險狀況等等因素來決定個別部位的規模。在考慮投資組合部位的適當規模時，他們也會仔細檢視經理人持有目標資產的各項細目。

建立投資組合還有一個問題是，要把私人基金相對靜態、且額度不大的資本承諾和市場時刻變化價值隨之波動的動態資本池相結合，並不容易。資本分配者在各種私人投資上建立報酬預期和時間分配模型，以估算適當的部位規模。然而，二〇〇八年公開上市市場崩盤，造成許多資產類別大縮水，這種全球性金融危機，讓很多法人機構無法達成私人資產的投資承諾。

監督控制

投資組織是處於動態之中。資本分配者必須定期審查投資主題與風險，重新確認投資組合的經理人。對於投資產品與績效，這個過程主要集中在探索變化而非預期。

1. 產品——公司和基金

投資公司隨著時間累積都會逐漸發展。比爾・史畢茲（分散信託公司創辦人兼社長）認為，經理人會因為策略、風格、人員或動機的質性變化而交替取代。

新興企業都有成長的痛苦。藍道・史都曼（欽佩領導力學院創辦人）認為，很多經理人的專業知識只限於投資，對於創建組織、團隊文化、培養人才等要務卻無從掌握，不知道最重要的是用一種對於投資過程有積極貢獻的方式來參與組織。

等到公司成功度過早期階段開始產生豐厚報酬，資本分配者會密切注意經理人的反應。好結果給經理人帶來成長機會。有些經理人還是會繼續嚴守紀律，有些則是一有機會就在錢海浮沉。

經理人擴張管理資產有其經濟動機，也給投資人帶來了一連串問題。樂克斯資本公司（Lux Capital）的喬許・渥華（Josh

Wolfe）說，這就像是自然界裡頭的黏液黴菌（Slime mold），一旦資源豐富，大家就覺得可以自由擴張，大做實驗。資產成長不受約束，有時可能損害整體策略的完整，而隨著利益回送更讓經理人擴大產品供應。有時資產成長和新產品增加，確實提升基金的價值，也讓組織更加強化。但產品太多，則會分散注意力，也讓業務經營更加複雜。

經理人要在投資格言「規模是績效的敵人」和商業格言「不成長就死亡」之間，小心維持平衡，資本分配者對此也極為敏感。安迪‧高登（普林斯頓大學投資公司〔PRINCO〕投資長）認為，只專注在自己領域的經理人當然有其優點，但他也知道世界一直在變化，經理人必須與時並進。他提出的重要問題是，經理人的發展演化是否能激發更大的信心。

就個人角度而言，有些經理人在一帆風順的時候顯得傲慢自大，也有人還是謙虛為懷。資本分配者當然是比較喜歡謙虛的人，因為太過自信和貪婪讓人覺得危機四伏。展望投資公司（Overlook Investments）的理查‧勞倫斯（Richard Lawrence）認為，貪婪才是績效的敵人，並不是規模。彼得‧克勞斯（光圈投資人公司董事長兼執行長）發現，太過自我的投資人一旦成功，常常認不清自己。他們太相信自己的能力，反而看不見真相。吉普‧麥克丹尼（期刊《法人投資機構》總編輯）也發現到，我們積累一定財富之後，就會想要控制自己生活的各個方面，一旦

出現少數不受控制的事情就會引發激烈反應。

投資表現欠佳的時候，可能促成改變。基金經理人也許逐漸捨棄不再有效的景氣循環策略，投資績效形成拉鋸起伏的狀態。對經理人來說，投資績效不佳，可能造成惡性循環，導致基金失血又帶來更大壓力。組織愈小，就愈承受不起資金流失。即使是把績效短期挑戰看作是未來機會的資本分配者，也會擔心其他投資人的作為可能危及公司的完整。亞當‧布利茲發現，要是投資人基礎薄弱，在投資績效欠佳時沉不住氣，那麼一時失常很可能變成一敗塗地。這時明明市場行情最差，但經理人面對贖回壓力，不得不在這種時候賣股票。

艱難時期，也容易造成合作夥伴或重要金主的衝突。有很多投資機構本來就不太穩定，是靠少數幾個人維繫在一起。一旦摩擦過大導致疏離，資本分配者要仔細注意會產生什麼後果。針對離職員工進行訪談，也許能找出組織長期存在的問題。有些公司會阻止離職員工發表任何討論公司價值的言論，但有些公司對那些尋找不同機會的人也會給予支持。這些訪談，都要放在背景脈絡中來解讀。離職的團隊成員往往有自己的打算，而公司方面則需要維護自己的聲譽和業務。儘管，資本分配者對於所見所聞不得不有所懷疑，和離職員工面談，還是有助於了解資金委託組織的內部狀況。

經理人必須保持冷靜，才能妥善處理業務中不可避免的挑戰。韌性和決心是長期成功的基本特質。如果組織能夠承受風暴，經理人出手穩定，資本分配者才敢繼續堅持下去。

2. 投資績效

精明的投資長，利用績效特優和最差時期的對比來調整預期。優異績效可能讓大家不思進取，不希望做出什麼改變，而績效欠佳時，則是組織穩定與個人修養的考驗。

人類習性導致基金經理人和資本分配者都愛追求績效。投資備忘錄上，也許明白說出策略的預期風險，但投資長在審查風險時，還是可能陷入困難。也必定會有一些風險躲過審查，在投資績效欠佳時，一起併發。所以，這個風險是不是代表這個經理人不適合待在目前的投資組合裡頭呢？或者邁向成功的道路原本崎嶇不平，這樣的風險都是在預期之內的自然成分？

麥克・毛布辛想到一種常見狀況：

就是說，錢交給基金經理人後，結果操作不佳。也許是還沒發揮實力，也許就是不行了。這時候各種評估意見都有：「需要不斷對流程重新評估嗎？」、「分析基礎是否仍然健全？」、「這個組織在管理上是否

穩當，減少行為問題？」，以及「他們對於委託操作
是否處置得宜？」

蛋糕上的糖霜

在投資過程中嚴格篩選留下的基金經理人，就是推動投
資長績效表現的核心引擎。各位不反對的話，可以當作是在
做蛋糕。這個蛋糕從頭開始要烤好幾年，而且裡頭的成分組
合也會慢慢變化。

投資長都希望能跟經理人建立長期的合作夥伴關係，並
以此為榮。建立長期關係的好處在於，更深入理解彼此的使
命與價值主張，提供穩定資金來進行長期投資，也對彼此的
期望有共同的理解。

不頻繁更換經理人，投資長才有餘裕進行其他提升價值
的投資活動，這就是蛋糕上的糖霜。這些活動可能包括資產
再平衡、重疊累加、共同投資、找到成本更低的替代、致力
內部管理和關係管理等等。

1. 資產再平衡

當行情波動使得資產配置遠離目標，投資人可以重覆運
用嚴格的資產再平衡緊盯目標，以強化投資報酬。[37] 摩根大通
（J.P. Morgan）的麥可・山百樂看過一些法人機構的投資委員會

非常重視再平衡。當資產價格上漲，委員會要求調整部位讓它恢復正常，萬一市場下跌則提升風險評估。

再平衡，通常是運用在美國股票、國際股票、固定收益投資和現金部位的調整。考慮到資本額、地理區域和其他風險因素，資本分配者對資產類別的區分會更加細密、也更注意再平衡。現在低成本的指數基金大行其道，更為投資長提供隨時可用的工具，不必更動經理人配置即可根據目標進行投資組合再平衡。理查·勞倫斯表示，完全不受情緒影響的再平衡，最是完美。

2. 重疊累加

主動型經理人的選擇是由下往上。資本分配者要花很多時間和努力來匯整每個經理人的曝險狀況，才能評估整個投資組合的風險。市場行情變化導致投資部位偏離目標，除了進行再平衡調整部位之外，投資長也可以運用重疊累加（overlay）策略來改變投資組合的構造。麥特·惠納雷（紐西蘭超級基金執行長）採用的是策略性傾斜投資組合，主要是讓風險額度回歸長期平均值。

重疊累加策略在市場極端情況下，通常可以降低風險。要完美地抓到最高價是不可能的任務，但有些資本分配者在感覺市場充滿風險的時候，就會先採取行動。首先，是提高

現金部位，而現金唯一的成本就是機會成本。然後，資本分配者會針對經理人的部位規模或成分進行調整，增加低風險部位，或是再增加一位擅長防禦極端風險（tail risk）的經理人。另外，投資長也可以直接擬定避險計畫，透過賣權（put option）、期貨或股權及固定收益指數互換操作（swaps）來規避暴跌風險。

3. 共同投資

投資長也可以向直接投資邁出一小步，選擇跟投資組合中的經理人一起進行投資。至於為何採用共同投資，資本分配者都有各自的理由。羅莎・修絲尼安採取共同投資，是為了壓低成本以增加私募股權的投資部位。吉姆・威廉斯（蓋提信託基金投資長）認為，在所有資產類別中，共同投資的表現最好。史考特・威爾森（聖路易華盛頓大學投資長）利用共同投資做為外包篩選機制，以資建立集中投資組合。

共同投資流程的設定，如果配合投資計畫的意圖，也可以用於尋找、篩選和審查各種投資機會。羅莎・修絲尼安從選擇經理人的角度來審查私募股權共同投資，確定每個經理人在規模、產業別和地理區域的最大優勢，在符合優勢的機會出現時進行共同投資。吉姆・威廉斯想知道一般合夥人是否真正擁有利害關係，確認經理人願意把個人資金投入共同投資。史考特・威爾森對每個共同投資機會都表示同意。

但共同投資也不是適合所有人。渥福勒公司（Wafra）與星座資本（Capital Constellation）的丹尼爾·亞當森（Daniel Adamson）發現，資產所有者雖然眼睛很貪，但胃納不大。他們的行動大多數也不夠迅速，不足以應付時間敏感交易的決策。

4. 經理人的低成本替代品

資本分配者都知道主動式管理服務所費不貲，所以那些資產負債表龐大的人和經理人談判時，都會靠著議價優勢尋求更具經濟效益的條款。

也有很多人會在市場上找機會，就好像用折扣價格買到經理人的報酬。我在耶魯大學的時候，仔細追蹤全美封閉型基金市場和英國的投資信託市場，在市價低於淨值的上市基金中尋找優秀經理人。最近有些家族辦公室和法人機構也效法上市基金經理人的投資組合，買進證交法規「13 F」條款申報文件上的美國股票或資產管理公司上市股（譯按：美國證交法規「13 F」係指資本額超過一億美元的投資機構須按季申報持股及資金去向）。這種操作方式引發一些有趣問題，即資本分配者和經理人之間的關係，本質上是什麼，而值得付費的加值服務又要到什麼程度。

5. 內部管理

整個組織的投資組合，也不必都委託給外部經理人操作

管理。有些機構還是會把內部資源投入市場中最有效率的領域，買進低成本指數基金或由內部管理被動型策略。由組織內部來管理投資組合，可以進行更多控制，掌握更多資本市場活動的機會，為經理人遴選過程提供豐富資訊。艾許·威廉斯（佛羅里達州管理委員會投資長）採取混合方式，自家團隊負責管理被動式及量化股票策略，其他則委請優秀的外部經理人代操。

6. 關係管理

開始進行新投資，是既有趣又令人興奮。投資長可以直接打電話給經理人，讓他們知道，大家都準備好要一起展開長期關係。蜜月期就要開始囉！

不過結束一段關係，就不太愉快啦。所有的結合，到最後也幾乎都會走到盡頭。如果是經理人退休，那大概算是最好的情況，雙方都還能在結束時刻，一起快樂地跳著華爾茲。不過資本分配者大概還是會有一點點擔心，他要在經理人功成身退之後，趕快找到替代者。

但投資長的想法，也常常變來變去。他們可能對未來不看好，或者覺得自己犯錯需要改正。如果是在私募市場，或許經理人想再募集基金時，才需要做決策，但若是在公開上市的市場，隨時都可以買進賣出。

不管原因到底是什麼，投資長和經理人開展和結束關係時，都要仔細考慮傳達出什麼樣的訊息。開始的時候就設定適當基調，等到要離開時也能將心比心坦然相待，個人與組織的好名聲就會在市場上慢慢擴散。雖然效應還說不上是錦上添花，但投資長的行事作為，對未來爭取機會還是會帶來正面或負面影響。

總結

從尋找外包經理人、進行盡責調查、建立投資組合、監督控管到提升加值都遵循有條有理的投資流程，投資長才能順利執行策略。

這個過程中所需要的，很多是質性技能，我們在第一部分「工具包」介紹的各項工具都是範例。

不過在技術快速進步的世界，投資長也要考慮量化工具如何幫助提升投資結果，這是下一章的主題。

了解更多

Podcasts

資本分配者：史考特・馬帕斯——愛爾蘭戰士隊的第十二人（第 25 集）

資本分配者：金‧盧——卡內基之路（第 52 集）

資本分配者：安德魯‧高登（Andrew Golden）——普林斯頓大學的投資猛虎（第 13 集）

　　上我節目的投資長，每一個都會談到投資過程的價值思考，我無法從中選出哪個比較重要。這裡列出的史考特、金‧盧和安德魯，其實是各位聽眾選的，都是下載次數最多的投資長訪談。

第 9 章
技術創新

TECHNOLOGICAL INNOVATION

「能夠衡量的東西才能被管理。」

——珍妮・海勒

　　金融歷史一再提醒我們，過度依賴模型遲早會出問題。賽斯・馬斯特（聯博資產管理公司投資長）指出，風險模型會假設現在跟不久前差不多，但所謂的「百年洪水」往往十年就來一次。投資長都知道預測未來常會犯錯，因此決策時都把重點擺在質性因素（qualitative factors）上。

　　如今，跨越產業的技術創新，正以空前未有之勢加速變化，但可以提升資本分配者決策的複雜量化分析，還只是在早期發展階段。投資長運用一些長期存在的工具來檢視過去的市場，據以調整資產配置、風險管理和績效評估等等基準比率與預期。金融科技公司也在推動進步，幫助上市股票的經理人提升改進。他們的工作成果，或許就是未來新發展的訊號。

資產配置

資產配置相關運算是運用哈利・馬可維茲（Harry Markowitz）一九五二年提出的「現代投資組合理論」（Modern Portfolio Theory）。馬可維茲的模型可輸入預期報酬、標準差和各種資產類別相關數值，運用平均值－變異數最優化（mean-variance optimization）算出效率前緣（efficient frontier）。投資人在這個前緣領域，即可選擇每單位風險的報酬達到最高的資產組合。

雖然理論運算做得很漂亮，但現代投資組合理論的假設卻是現實世界的不可能。這個模型需要的是常態分配的報酬，而且報酬和風險預期都必須準確而穩定。它在比較兩種資產類別的優劣時，並未考慮到現在法人機構投資組合中會出現的非流動性資產。

投資長也會研究過去事件的前因後果，來了解投資組合在未來市場動盪時期可能發生什麼。他們會做蒙地卡羅模擬（Monte Carlo simulations），測試無法達成長期投資目標的可能性，例如永續資金總值的購買力或退休基金應有的償付能力。情境分析（scenario analysis）和壓力測試，對於評估短期虧損的可能性也有幫助。

風險衡量

衡量風險，是針對投資組合構成的檢討評估。除了跟投資組合有關的指標外，投資長也要逐一評估經理人風險，並同時檢視報酬金流與基礎證券的特性。

以投資報酬為基礎的分析，可以揭開某些幕後因素的影響。資本分配者運用經理人報酬金流和相關資產類別的歷史報酬水準做回歸分析，即可確定風險因素在統計上的關聯性。這些計算有時會出現假的關聯性，例如，跟某種少有交易的外國貨幣突然出現無法解釋的關聯性。但這種假訊號也可能刺激我們深入探索，例如跟奈及利亞貨幣奈拉（naira）的關聯性，這是一個重要的石油輸出國家嘛。

資本分配者也會匯整經理人的風險曝露，計算各種因素總合的市場風險。典型的風險曝露包括：資產類別、地理區域、規模大小、產業別、風格類型（價值型／成長型）、質性、總體經濟因素（利率、貨幣）、所有權形式、時間期限、流動性和「ESG」因素（環境、社會和治理）。定期衡量風險狀況並重複演練，資本分配者即能夠找出投資組合中的潛伏問題及偏誤程度。

風險管理

要管理風險必須先衡量風險，但風險要怎麼衡量並非精確科學，而風險怎麼管理更是一門藝術。風險管理的目標，是要在既定風險水準下獲得最大報酬，或者是在既定報酬率目標下，把風險壓到最低。

投資長管理風險，維持投資組合，審慎承擔風險，長期上符合報酬目標，短期上也要配合組織特質，才能在動盪市場中堅持到底。我們在第三部分會看到訪談來賓提供許多看法，都是他們在坎坷路上管理波動的風險才能邁向成功的經驗結晶。

風險管理也不是消除下跌風險的萬靈丹。事實上，不承擔風險也不會有什麼報酬。我們要做的是：考慮可能結果的機率分配。馬克・鮑加納（普林斯頓高等研究院投資長）的風險考量，是仔細檢查每個經理人的資產集中程度、槓桿比率和流動性，藉以評估失利的可能性。

不過，投資組合的最大風險還是難以預知的極端事件。已經去世的彼得・伯恩斯坦（Peter L. Bernstein）曾說過：「不知道會發生什麼事，才叫風險嘛！」我的投資生涯遭遇幾次挫折，都是在一九八七年大崩盤的幾年後，包括：二〇〇〇年的網路公司泡沫、二〇〇八年全球金融危機、二〇二〇年的新冠病毒大流行，而且一路上還碰過許多規模較小的賣壓

重挫。這些都是對整個體系的衝擊。這次醫療界把「SARS-CoV-2」稱為「新型」冠狀病毒，全世界的經濟都因此突然停止轉動，這一點確實堪稱新奇！以前還沒發生過。

每一個極端事件，都會提醒投資長要注意模型之所以成立的「假設」。網路公司泡沫的假設是，網際網路新技術會永遠改變企業經營與價值估算的方式，但是這個假設，在市場上定價可說是早了十年。全球金融危機那一次，有一部分原因是抵押貸款部門的過度槓桿，基本假設是整個美國的房地產價格永遠不會同時下跌。而二〇二〇年震撼市場的新冠病毒大流行，則是難以預見的全人類健康危機。

金融歷史告訴我們，投資長再厲害，在這條路上也不可能繞過每一個坑洞。投資長只能運用充足資訊，明智判斷，為投資組合安排最好的風險措施，才能追求長期目標。

績效考核

衡量績效的工具會隨著實務意圖的差異而有不同。投資長會運用很多不同的指標來評估自己、私募市場經理人和公開市場經理人的績效優劣。

1. 投資長
投資長終究要對自己的成果負責。投資長的績效是根據

政策組合、資產類別和個別經理人為基準來衡量。績效成果按季向治理委員會報告，儘管整個資金的投資往往是跨越單季，在時間上要漫長許多。

績效評估要考慮一連串的測量數字。在整個投資組合層面上，會有特別設定的綜合基準指數來評估政策投資組合的報酬、配置偏離政策的程度以及各個資產類別的表現。資產類別主動管理的成功與否，是看市場指數與同行經理人整體來確定經理人選股上的絕對增值和相對增值。有些投資長的績效和敘薪也要跟同行機構做比較，但這種獎勵結構，有時會把同行從合作者變成競爭對手，反而帶來損害。

2. 私募市場經理人

針對私募市場經理人的統計分析，現在才剛開始。私募市場經理人的投資交易不像公開市場經理人那麼多，而且持有部位的時間往往更長，所以，私募經理人的相關數據收集極為稀少。

私募策略的投資表現也相當隱晦模糊。經理人控管資金流動是採減縮方式，所以沒有同類的時間加權收益（time-weighted returns）可供比較。經理人只能針對資金加權收益（dollar-weighted returns）或內部報酬率（IRR）提出報告，但這些數字容易造成誤導。內部收益率會受到信貸額度的影響，因

為早期的單一事件就造成偏差。這項指標也沒考慮到，資金未達成目標，到底承擔了多少機會成本。

要確定私募市場經理人的表現，資本分配者是查看一連串報酬指標和投資收益現金乘數（cash-on-cash multiples）。克利斯・杜渥斯（阿霍伊資本公司創辦人兼總經理）說他的關鍵績效指標（KPI）就是「投入資金」（moolah in da coolah）。資本分配者使用字母簡稱「TVPI」（實收資本的總值）、「DVPI」（實收資本的分配總值）和「RVPI」（實收資本的剩餘價值）來衡量經理人是否成功。在計算「TVPI」和「RVPI」時，還沒分配的資金都可能受到公平價值（fair value）操縱，特別是在經理人正籌募新基金的情況下。

對私募基金的深入分析，會知道個別投資的負責人與報酬方式的關係。資本分配者會仔細追蹤每個投資是由哪些人領導，因為私募市場中的業主對操作結果有顯著的影響。私募股權分配者詳細分析財務槓桿或強化經營能否提升獲利，在持股期間，與公開市場的同行做比較。

統計分析的回顧檢討，對於私募資產，往往只是落後指標。克利斯・杜渥斯建議把整個過程倒過來，先計算投資組合每項投資未來退出時所需達到的數字，再跟整個公司的發展做比較來驗證成果。對於創業投資領域，資本分配者可能

要問說：公司需要做到多大，才能拿回一半的資金。如果是企業併購，資本分配者可能要研究探索，要怎麼從投資組合中的企業拿回兩成到三成的資金。

3. 公開市場經理人

相較之下，公開市場會有大量的數據資料。資本分配者能找到一連串統計數字可供計算，來評估經理人的操作技巧和行為。雖然所有經理人的公開說明書和法律文件上都明文宣示：「過去的表現並不代表未來的報酬」，人性還是讓投資人在資金分配時，緊緊追隨強勁的短期表現。但不管經理人過去是如何又如何的成功，資本分配者也永遠不會因此而獲得獎勵。

慎思明辨的投資長，當然是詳細審查業績記錄，運用開創性分析來檢視經理人的優勢和劣勢。資本分配者利用一連串統計數字與基準值做比較，來衡量經理人的報酬水準，相關數字可能包括：時間加權與資金加權報酬率、夏普比率（Sharpe ratio；以報酬標準差衡量單位風險報酬率）、索提諾比率（Sortino ratio；單位下跌風險的報酬率）、曝險調整後報酬和組別分析。

這些分析，每一項都可以根據投資長想要回答的問題來進行微調。比較時間加權和資金加權報酬率，可以讓投資長了解投資金主的實力和經理人狀況。曝險調整後報酬率與市

場其他替代投資相比較，可以詳細檢視超額報酬的可能性，組別分析的梳理，可以辨識投資團隊是否做出正確選擇。

資本分配者也會利用過去表現來探索行為相關問題。針對某些長時間的好表現和壞表現，提出「某狀況出現時發生什麼事」、「某狀況出現時你做了什麼」、「你為什麼採取那個行動」等問題深入探索，即可揭示經理人未來面對類似時期可能如何因應。

資料分析的前沿發展

有一小群金融科技新創公司，正努力為資本分配者和經理人分解改良工具，以提升操作績效。這些公司都是從某些資源豐富經理人拆分而出，投資長可以把這些看作是下一個資料分析的前沿領域。在這場資本分配的遊戲必須採用一些複雜的技術，我們才剛剛開始而已。這些新工具可以協助評估經理人技能、風格變化和投資組合經理人的發展狀況。

1. 分析經理人技能

由於精密數據不斷提升，對於資本分配者調查報酬潛在因素大有幫助，可以更加了解經理人的技能。巴斯爾·可諾比（Basil Qunibi）以前曾擔任避險基金的分配者，後來創立諾維斯合夥公司（Novus Partners）幫助全球頂級投資人提升投資

報酬。諾維斯公司提供的工具，可以分析上市股票經理人的技能屬性。巴斯爾建立一套架構，來分解經理人部署交易的五種變數：

1. 曝險部位——市場曝險的程度和類型。
2. 資本分配——投資部位的金融工具和種類。
3. 證券選擇——選股與其他替代股票做比較。
4. 部位大小——投資組合中部位大小與績效關聯。
5. 策略交易——部位的買進和賣出。

諾維斯公司一一研究這些報酬驅動因素，運用一套統計分析來確認經理人過去持續績效的原因和方法。資本分配者藉此檢視經理人的打擊率（投資部位的成功百分比）和長打率（正報酬與負報酬的部位比率）。不管是什麼地理區域、市價總值、產業部門、流動性高低或集中程度，都可以做這些運算分析。

第二層分析是在競爭對手脈絡下研究經理人的投資組合，以了解流動性衝擊引發的回檔風險。諾維斯公司研究四個重點「四C」：群聚性（crowdedness）、確定性（conviction）、集中性（concentration）和共通性（consensus）。

2. 預測投資作風的轉變

在經理人逐漸成長後，了解經理人績效驅動因素，可以

幫助資本分配者先注意到一些潛在問題。經理人的資產管理規模（AUM）如果增加一倍，他們在部位數量、總市值或流動性方面等投資組合特徵，也必定會有所改變。要是經理人想要維持部位數量不變，操作總市值相同的股票，投資組合的流動性勢必被迫降低。巴斯爾多年資料分析發現，流動性惡化要是超過 60%，經理人就無法長期生存。

經理人如果要維持流動性和部位數量，那就必須投資總市值更大的股票。如此一來，也許就會被資本分配者譴責為改變投資風格。最後是，如果是維持流動性和總市值條件不變，經理人也要被迫投資更多檔股票。

當投資組合和行情發生變化時，分解經理人技能的分析，可以幫助資本分配者預判未來風險在於何處。經理人如果是在小型股表現出色，那麼轉向中大型股，也許就不是一個好決定。如果某家公司過去的主要報酬都來自消費性類股，那麼消費性類股的分析師離職，也許就是個大問題。

過去績效的統計分析，當然也有它的侷限性。要從統計數字獲得有意義的結論，需要好幾年完全公開透明又合理的交易數值。如果只有每個月的績效報告和每季的「13 F」申報文件還是不夠。但就算掌握所有資料，過去狀況也不代表未來，精確嚴密的統計運算，只是在評估經理人過程中多一項輸入因

素而已。雖然有這些缺陷,出色的分析工作還是可以幫助資本分配者提出更好的問題,也許就能在未來領先一步。

3. 投資組合經理人發展

現代數據分析,可以幫助經理人確認和提升管理投資組合的能力。交易頻繁的大型避險基金都能取得海量資料和資源,掌握他人難以捉摸的超額報酬機會。控點七二公司(Point72)的馬休‧葛南納(Matthew Granade)認為規模經濟的優勢在於,投資風險系統、交易系統、資料系統、研究和交易的能力。

維斯多策略顧問公司(Weiss Multi-Strategy Advisers)的喬迪‧韋瑟(Jordi Visser)說,以前他要是問誰誰誰是怎麼賺到錢或虧錢,他們會跟他說一個故事。但有了數據資料以後,他就可以了解真實狀況,並且就經理人的實際作為提出問題。現在他才不會再聽那些沒有資料數據支持的故事胡扯。

喬迪認為,你要叫經理人改進自己的行為,就要讓他們看到自己的偏誤。他說這種方式就像在電視上觀看棒球比賽。統計分析為打擊者分別計算投球在腰部以上和以下的平均打擊率。低球點的打擊者,如果事先掌握自己的數據資料,碰到高球點可以控制自己少揮棒,他們的打擊率就能提高。

克蕾兒‧李維(Clare Flynn Levy)和喀麥隆‧海特(Cameron

Hight），以前在小型避險基金擔任經理人都受到挫折，因為缺乏必要工具來提升自己的操作技能。後來他們都從自己管理的資金中特別撥出經費來創建軟體公司，幫助跟自己一樣的投資組合經理人。

克蕾兒・李維創辦伊森夏分析公司（Essentia Analytics），即是為了運用科技和數據資料提升投資績效。伊森夏公司從行為金融學角度研究交易行為，為經理人找出行為偏誤，在可能犯錯時提出警訊。這些行為評估的時機包括：進場、加碼、減碼和出場。給予提醒會幫助經理人從本能的爬蟲腦——丹尼爾・康納曼的思維「系統一」——轉換到深思熟慮的思維「系統二」。

伊森夏公司還有一點值得一提。我在「導讀」提到公開支持指數基金的查理・艾利斯，即是伊森夏公司的非執行董事。沒錯，查理為這家金融科技公司提供建議，而這家公司的工具，是為了幫助公開上市股票的主動型經理人提升操作績效。按照克蕾爾在訪談中的說法是：查理「從沒說過不會有主動型經理人啊！他只說會愈來愈少。」也沒錯啦。

喀麥隆・海特的敏銳洞察，幫助大大小小避險基金經理調整投資組合結構達到最優化。他認為市場變化這麼快，投資組合經理人光靠一己之力實在沒辦法面面俱到，能夠兼顧

部位規模最優化的所有變數。他創辦的「阿爾發理論」公司（Alpha Theory）按部位大小揭示決策相關數值與機率，讓隱藏其中的變數表露無遺。

　　阿爾發理論，運用投資團隊的研究即時運算風險與報酬。一位十分慎重的分析師會掌握模型和機率數值，把股票所有可能出現的走勢全部摸透。但是在沒有新資訊的情況下，股票價格的每一次變動也都會改變風險和報酬的吸引力。阿爾發理論則是根據投資團隊的研究資料建立信心加權（conviction-weighted）的部位規模，和投資組合實際部位規模進行比較。經過十五年的努力之後，喀麥隆掌握大量數據資料顯示，這套看似簡單的工具已經為客戶操作提升可觀報酬。

　　他的數據資料還揭露一個跟很多基本面經理人有關的重要結論：優秀的主動型經理人在大額部位上的表現比小部位要好很多。阿爾發理論公司發表的「集中化宣言」（The Concentration Manifesto），即是鼓吹經理人專注在於他們最好的投資點子，建立更集中的投資組合，如此一來，經理人和資本分配者都會獲得更好的成果。[38]

總結

　　光靠數據資料分析，大概是無法提供任何答案給資本分配

者，但這其中所使用的工具，確實可用來衡量投資組合和經理人層次的風險和報酬，並且幫助經理人遴選做出明智判斷。

龐大數據資料的取用和部分企業在評估工具發展的努力，讓現在的投資長可以掌握更多資訊。能夠提出正確問題，即可揭露那些迴避現代技術、落後於群體的經理人。

就像羅伯・伯恩斯（Robert Burns）寫的那樣：不管是鼠是人，計畫做得再好也常常出錯。最複雜的量化工具要是發現異常值，投資長就要做出回應。二〇二〇年三月，新冠肺炎引發的市場、就業和各個產業的劇烈動盪，正是說明投資長如何因應不確定時期的研究案例。

了解更多

Podcasts

資本分配者：派崔克・歐夏尼斯——歐夏尼斯資產管理公司（首次訪談，第 1 集）

資本分配者：喬迪・韋瑟——新世代的經理人分配者（第 92 集）

資本分配者：馬休・葛南納——控點七二的資料研究（首次訪談，第 22 集）

相關企業

諾維斯合夥公司：www.novus.com

伊森夏分析公司：www.essentia-analytics.com

阿爾發理論公司：www.alphatheory.com

　各位如果想運用量化工具來提升投資結果，光靠讀書沒有多大幫助。請各位直接聯絡諾維斯、伊森夏和阿爾發理論公司，了解更多他們為資本分配者和投資組合經理人提供應用工具的相關資訊。

第 10 章
不確定性的個案研究 [39]

CASE STUDY OF UNCERTAINTY

「正確規畫可以避免糟糕表現。」

——金・盧

　　投資機構的領導和管理是在市場狀況正常的時候，才能發展和運作。大概每隔十年，市場就會劇烈扭曲我們所以為的正常，這種充滿壓力又不確定的時候，讓領導者面臨莫大考驗。

　　麥克・毛布辛（環球對位基金一致性研究總監）如此描述壓力帶來的心理挑戰：

　　當我們感到壓力時，我們只會注意到眼前的事。在我
　　們正需要把眼光投向遠方的時候，我們反而只會盯住
　　眼前。而大家在生活中，通常也只會注意一些不好的
　　事情，不會注意好事。我們在心理上如果承受壓力，
　　無法思考長遠未來，我們的想法會偏向負面而非正面，

就投資人的角度來看，這個結果可能就不太好。

　　開始於二○二○年第一季的新冠肺炎大流行，正好提供我們了解投資長處理不確定性的研究個案。新冠病毒對全球健康和經濟福利帶來前所未有的挑戰。＊投資長必須面對遙遙無期在家工作的限制，股市行情劇烈震盪，全球經濟突然緊急煞車。

　　在面臨不確定狀況下，投資長很快制定計畫來進行領導和管理。在投資理念的指導下，投資長迅速制定不確定時期的因應策略。

　　馬克‧鮑加納以軍事用語來描述：這種「VUCA」狀況（反覆無常、不確定、複雜多變和混亂不清），需要運用「OODA」套路（觀察、定位、決定和行動）來應對。其他各企業投資長也都像這樣各有一套以備不虞之需。

　　每個投資長，首先要先做好新的工作配置。如今線上溝通在內部團隊、投資委員會和經理人之間已經成為常態。有些大型公司面對這樣的轉換可能不容易，但投資辦公室通常規模不大，成員也習慣於在外出差不在辦公室，因此適應反

＊　這場大流行真可說是「unprecedented」（前所未有、沒有先例），所以很多企業執行長在交流溝通中使用「unprecedented」這個字的次數比過去任何時候都要多，而且谷歌搜尋趨勢（Google Trends）中，這個字的搜尋次數也創下新記錄。參見：John Authers, "Don't Blame Me for Unprecedented Use of This Word," Bloomberg, May 7, 2020.

而比較容易。過去經常運用的遠距離溝通，其實跟現在全部線上交流只相差一小步而已。

內部團隊的問題搞定之後，投資長會注意流動性的狀況。我們大多數只注意到資產負債表上資產項的流動性，以前很少有人想過負債快速增加會有什麼影響。現在新冠大流行帶來一些還不知道答案的問題：

- 學生何時才能回到學校，何時才能舉行運動比賽？校園關閉對大學未來收入有何影響？
- 由於出差旅行受到限制，基金會受援者對於持續進行研究調查有什麼特定需求？
- 醫院在處理新冠肺炎期間，高利潤自願就醫（voluntary procedures）驟減，會如何影響營收和利潤？
- 企業營收突然枯竭，對於退休金籌資有何影響？
- 對於近期嚴峻經濟困難和員工未來退休需求，退休基金該如何維持平衡？

對於營收的潛在衝擊成為新變數之後，投資長在部署資本到市場提供的機會之前，就必須要先考慮這個變數。

投資長從經理人那邊收集到一連串的資訊，藉以處理各種狀況、計算績效和評估風險。他們狼吞虎嚥地閱讀各種資訊，打電話向人脈中的專家請教，以了解未來可能面對的問

題和可能出現的機會。跟許多人的對話帶來訊息，確認某些期望，有些敲起警鐘，有些似乎是一絲機會。

市場大震盪，是調整風險和預期的重要時刻。擁有適當技術和資料系統的人，可以匯整個別結果，牢牢掌握狀況。沒有現代技術的人，就會落後好幾步。事實證明，在考慮未來機會時，依靠基準比率特別有用。

此時，經驗豐富的投資長，對於採取行動會比較慎重。安迪‧高登暫有保留，先確定自己專注重點是否正確。大流行引發資訊認知的問題：他的團隊知道些什麼，又是如何知道。他為團隊從過去危機經歷汲取智慧感到驕傲，又為他們未能充分學習教訓感到尷尬，尤其是他們對投資組合和整個世界可能發生的狀況太過自信。危機時刻讓偉大領導者提防自己太過自大，在採取行動之前，先再次驗證假設。

等到要採取行動的時候，資本分配者會先找自己信任的經理人。如果不改變和經理人擬定的投資主題，資本分配者會補強弱點、稍減較強部位重新平衡。最有意義的資本分配會流向之前已經不再增加投資的經理人或特定領域專才。

從現行投資組合之外的角度來看，這些步驟看來都像是在現有結構下進行避難。所有迅速應變的活動幾乎都不會變成重大轉向。這時候的投資長要做的：不是急著要做什麼，

而是要先坐好以穩定軍心。

只有等到塵埃落定，資本分配者才會開始注意新機會。二〇二〇年四月中，上市股票市場迅速反彈，牛津大學捐贈基金管理公司的桑德拉・羅伯森（Sandra Robertson）就說：「現在賣出太晚，買進又太早。」

等資本分配者準備好要建立新關係時，他們會從觀察清單開列的經理人開始。這份清單也必定會有以前合作過的私募股權或創投基金、排名在前的私募信貸經理人和他們多年來一直在接觸的上市股票經理人。當資產市場準備大拍賣的時候，準備充足的投資長已經擬好購物清單囉！

最後，資本分配者在市場震盪消退時，會尋找看起來有吸引力的戰術機會。這次的新冠肺炎大流行，投資長注意到以下機會：如果企業大肆破產會有債權跌價；利差持續擴大，私募信貸即有機會；各種旅遊與休閒產業的資產類別；以及生活與工作新方式一旦確立後的房地產表現。

資本分配者從沒想過要擬定什麼檢查清單來管理疫病大流行的危機，但在一連串事件下來，包括內部功能設置、收集資訊、評估流動性與風險、監控現有投資組合並從中挖掘更多機會、切實掌握願望清單、投入新的合作關係等等，都成為在不穩定時期堅守自己使命的共同劇本。

金融市場經歷震盪擾亂後，又迅速反彈回升。投資長的激烈行動，大多數沒有造成投資組合發生有意義的變化，但至少，讓他們為下一次做好準備。

第**3**部
智慧精華

PART 3
NUGGETS
OF
WISDOM

來參與我節目的嘉賓，都帶來獨特的故事和許多經驗，敘述他們如何投資分配資本。他們跟大家分享的經驗，我已經寫進本書的第一部分「工具包」和第二部分「投資架構」之中。

但除了這些很棒的想法之外，我們的對話中，還有許多關於投資與生活的智慧結晶。這些精華，我在第三部分和大家分享。

第 11 章
投資教訓

INVESTMENT LESSONS

　　熟練老手，從多年投資經驗會得到很多深刻見解。每個見解都有它的獨特竅門，而它們全部合起來，就是知識財富的濃縮精華。

　　對於投資，派崔克・歐夏尼斯（歐夏尼斯資產管理公司執行長）曾說：

> 這從來沒人搞得清楚。但你要是在做投資，就要力求進步。而做到這一點的最好方法是永遠保持好奇，盡可能收集更多資訊，和更多人對話交流。

　　以下，按六大主題收集整理這些寶貴的投資精華：

- 市場本質
- 艱難真相
- 管理震盪
- 投資選擇
- 提升優勢
- 資產類別觀點

市場本質

投資是分析與心理學的結合。以下是來上節目的經理人跟大家分享一些他們對市場本質的看法。

「價格上漲會吸引買家,價格下跌會吸引賣家。其實就是這麼簡單。」

——麥克・貝特尼

「我們做投資產業,也有點像是時尚服裝。行情就像裙子一樣起起落落。」

——安東尼・斯卡拉穆奇（Anthony Scaramucci）

「偉大的泡沫圍繞著偉大的故事而生。」

——麥克・諾渥格拉茲（Michael Novogratz）

「市場是適應力很強的複雜體系,所以它常常很有效率——這是群眾的智慧——但也偶爾會失控。」

——麥克・毛布辛

「金融行情的突然震盪不只是因為某些體系變化難以預期,也是因為過度依賴市場短期融資來支撐部位。」

——詹姆斯・艾特肯（James Aitken）

「資金寬鬆的時候,很多傻事也會成功。很多根本不賺錢的公司照樣股價大漲。很多爛點子都能獲得贊助,

不過有些爛點子卻會變成好主意。」

——丹‧拉斯穆森（Dan Rasmussen）

「如果把時間幅度拉得更長，很多事情就會變得比較可以預測。」

——班‧因克

「市場、經濟、創新、政治、天氣以及大自然中所有的一切，都是在進行長期的循環。」

——艾瑞克‧彼得斯（Eric Peters）

「有時候市場會變得很有趣。震盪波動很大，增值能力也愈高。但市場清淡的時候，價差沒什麼變化，行情當然也不太波動。」

——史蒂夫‧庫恩（Steve Kuhn）

「如果我們都知道明天會發生什麼，那麼它就不會發生。因為每個人的行為都會變得不一樣。」

——伊曼紐‧富利曼（Emanuel Friedman）

艱難真相

合作基金（Collaborative Fund）的摩根‧豪瑟（Morgan Housel）表示，缺乏教育、背景或經驗的人，唯一可以輾壓高等教育、強勢背景和經驗豐富的人的唯一領域，就是投資。如果是心

臟手術的話，很難想像沒受過專業教育和訓練的人，會比哈佛畢業的心臟外科醫師還厲害吧。那種事絕對不可能，但在投資界，天天都有。

摩根的觀察，就是許多跟投資有關的艱難真相之一。來上我節目的嘉賓，都提供了不少創見。

投資經理人

「全世界有辦法做好投資模型的投資人，大概只有五、六十個吧。」

——史考特・馬帕斯

「大家都以為自己是高於平均水準的經理人，像是歐北貢湖＊的孩子。」

——強納森・賀托

「我們做得最好的那些投資，很少一開始就事事完美，通過每一項檢驗。反而是一些表現平常的投資可能一開始都通過每項檢驗。」

——亞當・布利茲

譯註＊ 「Lake Wobegon」歐北貢湖出自美國諷刺廣播劇，指一群自以為優秀、高人一等的村民

「選擇矛盾（Paradox of Choice）深刻顯示：我們天生都想要更多選擇、更多機會，但我們的選擇愈多就愈痛苦。」

——布萊恩・波諾伊

「大多數法人機構的投資常常是太過分散，甚至是散到支離破碎。」

——安迪・高登

「優勢這東西，很可能一下子就不見啦！」

——金・盧

「幾乎任何產業的優秀生產者，都很少能成為優秀的領導者。基金經理人大部分也都是高度專業化的生產者。」

——安德列・佩羅德

「專做某些主項的經理人大都會覺得，自己做的資產類別不管怎樣都算還不錯。這就像是說，你問馬鈴薯農夫晚上會吃什麼？他有時候總會吃馬鈴薯嘛！」

——強納森・賀托

「那些什麼偉大的經理人、很棒的基金公司、全世界最厲害、最了不起的的經理人，其實跟過去五年的大盤表現相比，也就只是還不錯而已。」

——馬克・鮑加納

「在價值股失寵的十年，我們可不願意讓價值型經理人占投資組合的九成。這樣當然不行！」

——史考特‧馬帕斯

「資產分配者其實也不會想得太長期。行情起起落落，大家也進進出出的，你做得好，他們就擁上來，情勢一反轉，他們馬上落跑。我以前對這種行為模式也是蠻驚訝的。」

——史蒂夫‧加布萊斯

「如果你是在管理別人的錢，那麼不管是絕對或相對虧損，虧到某個程度就難以為繼，位子不保囉！」

——雷利‧柯查

投資市場

「你每一次買賣，都是從其他人那裡買來或賣出，這些人都跟你一樣聰明、精打細算、心思細密、配備電腦工具，消息也十分靈通。」

——查理‧艾利斯

「如果一個人的薪水或管理費用是來自於他的不理解，那麼要讓他理解這件事就很難啦。」

——詹姆斯‧艾特肯

「作為一名哲學系學生如果有學到什麼，那就是知道

自己也可能不對。」

——丹尼爾・亞當森

「投資是有很多好方法啦，但是沒有『追高殺低』這一種啊！」

——莎拉・威廉森（Sarah Williamson）

「要逆勢操作，就表示你要敢做一些不舒服不自在的事情。」

——安迪・高登

「羅斯柴爾德爵士在大概二○○年前說過：『跌到街上有血就買進！』但我們常常忘記後面還有一句：『即使是你自己的血。』」

——羅瑞・西格爾（Larry Siegel）

「價值投資法也是有它的限度。葛拉漢（Ben Graham）自己在大蕭條時也是很慘啊！有那麼多價值股他也忍不住，早早進場就毀啦！」

——麥克・貝特尼

「主動型經理人表現一向欠佳的原因之一，是因為每個人做的事都一樣嘛！」、「我看過有些空心大草包的操作績效斐然，也有一些我碰過最聰明的人使用最

厲害的方法，結果連續四年表現欠佳。」

——傑森・卡普

「現在我們對投資的眼界已經淺陋到，像是在開公司做生意，又承受不了十八個月行情失利，這兩方面幾乎是相互排斥的。」

——史蒂夫・加布萊斯

「什麼都有可能涉及證券詐欺。如果有壞事發生但公司不主動披露，那就是證券詐欺。這時候，那些高階主管如果沒披露消息就自己先賣持股，就是內線交易。」

——麥特・雷文（Matt Levine）

「趨勢往往遠遠超出我們的預期和想像。如果你能長時間在趨勢內隨勢浮沉，大概就會看到很多超聰明的人，雖然也敢跳上來卻太早出場。」

——艾瑞克・彼得斯

「碰上任何劇烈變化的時候，我們都不願相信。因為那種狀況不常發生，就很難相信那是真的。」

——伊曼紐・富利曼

「資金快速流入來解決問題的時候，底部就會跟著逐漸墊高。這種情況會一直維持下去，直到資金退

潮為止。」

——提姆·瑞克

「就算你知道危機就快要到了，還是不願相信它會到來，所以，也不會採取行動。這是生活學來的基本教訓。」

——伊曼紐·富利曼

「所謂的關聯性，真的會連結在一起。」

——安德魯·蔡（Andrew Tsai）

「市場一旦陷入恐慌，是找不到夠大的通道可以疏散人群，避免驚慌逃竄。」

——艾許·威廉斯

「狀況一旦變得糟，很可能就是比你原先預期更糟！任何不合理的事情都可能發生。」

——安德魯·蔡

「運氣真的是運動比賽的詛咒吧。大家都很努力，擬定作戰計畫和策略，拚命跟對方一爭高下。我們不要只是靠命運啊。投資也是如此，但運氣真的很重要。」

——喬恩·魏瑟海

管理震盪

資本分配者和大多數經理人，都說自己是長期投資人。不過，他們的意圖能否堅持下去，要看他們碰上行情欠佳、投資虧損、操作不順和種種壓力時的表現才知道。來上節目的來賓都會談到的主題是，碰上行情下跌的時候，他們怎麼努力維持，希望把投資做長。

> 「如果操作欠佳的時候可以緩和失利，復甦回升又比別人快，長期下來，最後成果必定非常好。你想想看我們在生活上就是這樣，如果艱難的時候可以減少一點不幸，就會覺得生活眞是美好啊！」
>
> ——克利斯·艾爾曼

> 「爲了預防暴跌行情，我是堅持要保留一點銀彈。雖然我不認爲趁著世界末日大災難投資是個好策略。」
>
> ——愛倫·艾莉森

> 「選擇權交易員學到的第一堂課，也是最痛苦的一課，就是期差風險（gap risk）。」
>
> ——東恩·菲茲派崔

> 「投資組合經理人和企業老闆，都要有承受痛苦的能力。」
>
> ——湯姆·盧梭

「無法忍受長時間大幅回檔，就很可能出現決策失誤。」

——雷夫・安德

「只要沒有融資，被迫在不好時間出場，就可以繼續長期抗戰。」

——傑夫・所羅門

「我們想降低風險時會有一種昂貴方法，還有好幾種可以抵消成本逆差的便宜方法。等到真的碰上大亂流時，那些想抵消逆差的人到最後常常就是大敗出場。」

——艾瑞克・彼得斯

「除了永恆的空頭族、拋空者和行為科學家之外，大家都討厭市場回檔啊！」

——丹・伊根（Dan Egan）

投資選擇

投資長和經理人也跟大家分享，他們進行投資選擇的種種過程。

「我們希望投資績效驅動的經理人。他們可能是為了績效分紅、自有資金報酬，或者只是為了滿足自我成就感。」

——布雷特・巴斯

「喜歡去精品店更好，會覺得飢餓更好，有事業危機
感更好。」

——山姆·西西里

「只要三十秒就能把複雜概念說得淺顯易懂的投資人，
思考最是透徹！」

——克莉絲蒂·漢彌爾頓

「盡量深入了解，也要知道自己的不足之處。對於知
道不夠多的東西就不要去做投資，因為行情一旦對你
不利，你也不敢加碼承接。」

——安娜·馬歇爾

「要是說，因為符合世界觀，就讓操作平庸的經理人
加入投資組合，到最後這個決定就是個錯誤。寶貴資
源的本身才是偉大的管理者。」

——亞當·布利茲

「有什麼想法，要先能說服自己，然後再說服別人。
兩者需要非常不同的技能。」

——保羅·強森

「投資組合經理人都會問這四個問題：有什麼好處、
有什麼風險、市場會如何出錯，以及錯誤價格會不會

修正？」

—— 保羅‧強森

「手中總要有兩三張牌，企業的基本面很重要。這個過程的一部分是說，市場先生拿到的三張牌是不是跟我們一樣。」

——德魯‧迪克森

「投資這一行的最大錯誤，就是分不清基本面和自己的預期。」

——麥克‧毛布辛

「為了在分析師和投資組合經理人之間建立最佳運作關係，雙方必須承擔九成的工作，但只占四成八的功勞。」

—— 保羅‧強森

「決定什麼時候賣出，是我們這一行面對的未知挑戰之一。絕對需要賣出的時機是：一、發現自己犯錯；二、你預期的明天價格，今天已經先到了；三、正在調整投資組合再平衡；四、你還有更多想法但投資組合已經容納不下；以及五、你發現目標公司的前景正在轉變。」

——理查‧勞倫斯

提升優勢

　　麥克・毛布辛的「BAIT」，概括投資優勢的形成要素。經理人努力提升，創造優勢，資本分配者也一樣努力找出經理人可重複運用的優勢。優勢不管是來自結構性、週期性或利基性質，經理人和資本分配者，對於競爭優勢構成因素都有自己的看法。

> 「我們希望透過它們的文化、流程和適應各種景氣循環的能力，找到可持續運用的競爭優勢。」
>
> ——桑德拉・羅伯森

> 「耶魯擁有各種競爭優勢。大家都喜歡大衛・史雲生，也都喜歡在耶魯工作。他的身邊有最好的團隊，一起挑選經理人、一起合作。如果你跟耶魯合作過，就會知道那是一種長期關係。他們跟經理人的合作平均長達十四年。這是平均值喔，即使他們常常第一天就跟你一起做投資，甚至在第一天之前。」
>
> ——查理・艾利斯

> 「我們認為真正成功的人，到了六十歲還是跟四十歲一樣飢餓。」
>
> ——韋恩・威克（Wayne Wicker）

> 「超額報酬的狀況很少而且很難找到。你不會在第五

大道和四十七街的路口找到它。它也許偶爾坐在那裡，但不會整天都在那裡。所以你要去它會在的地方，就是世界上有混亂和資金短缺的地方。」

——安德列·佩羅德

「金融中的一切都會有人發現而且做套利，除了人類的判斷。」

——傑森·卡普

「主動型投資其實都跟行為超額報酬有關：在適當時機擺脫麻煩，在適當時機進行評估，承認自己犯錯，先收手旁觀，等待下一次機會。我們要做出這些決定可不容易。」

——喬迪·韋瑟

「要是能遇到可以教你一些很新鮮又不同事情的經理人，你就有機會從他那兒獲得豐厚報酬。不然平常的經理人就是跟著大家走，都在做一樣的事情。」

——羅瑞·西格爾

「主動型投資的成功祕訣是，必須先是習慣性的連續重覆失敗者，而且還心甘情願！」

——查理·艾利斯

「在我們這一行，成交值可說是攸關生死存亡，這個

重大優勢可以保你十年維持領導和策略不變。」

——愛倫・艾莉森

「成為出色基金經理人的原因在於，他們一直在做多時間，從來不做空時間。他們從不浪費時間。」

——詹姆斯・艾特肯

「重點是要知道焦點擺在何處。觀察要寬廣，知道哪裡會出現變化，然後運用研究能力專注在這個變化上，收集所有相關的重要資料。」

——珍・海因斯

「你離主流愈遠，就愈有可能找到超值的交易。」

——羅瑞・西格爾

「要去做別人不想做或不敢做的事情才會得到超額報酬。不願做可能是因為無聊乏味，或是能力不足而不敢做。」

——丹・拉斯穆森

「證據非常清楚，一定要有一套長期思考的理念，才能操作運行數十年的管理系統，創造出領先世界的績效。」

——艾瑞克・萊斯

「事實證明，我們的認購上限可能是為投資人提供優

越績效最重要的投資決策。」

——理查・勞倫斯

「自由操作的經理人如果專注而審慎地分析，就可以繼續做得很好。但會被量化派（quant）找到的資料集合，終究會被發現。」

——派崔克・歐夏尼斯

「在『魔球』（Moneyball）之後，我們學會數字比人類直覺更可靠。但是我們還是可以察覺到一些數字無法描述的事情。這個祕訣在於充分利用人和機器正確處理這些觀察結果，把它們綜合連結起來。」

——班・雷特

資產類別觀點

每個資產類別都有它的機會和風險。與談來賓跟大家分享過避險基金、私募股權、創業投資和市場中其他一些機會與風險的看法。

避險基金

機會

「避險基金就像籃球隊的控球後衛，眼前所有動作都要注意到。他們有時候靠著三分球也能取得高分。不

過平常時候只是調度隊友，傳球給他們。」

——吉姆‧威廉斯

「市場狀況真正艱險的時候，避險基金即可變得非常有價值。但若只分配 5％ 或 10％ 資金給避險基金，在行情艱險之際也不足以保護資本。問題就在於資本分配者投入避險基金的資金還不夠。」

——道格‧菲利普斯

「成功的避險基金經理人雖然賺錢方法各有不同，但他們的內部調度都非常靈活和彈性，可以去找最好的機會，信心堅定進行投資。」

——大衛‧佐魯（David Zorub）

「避險基金產業已經有所轉變，緩和風險已取代提升報酬。」

—— 亞當‧布利茲

「傳統的資產管理公司和避險基金之間的區別愈來愈模糊。這完全是看經理人可以提供什麼你自己做不到的價值。」

——東恩‧菲茲派崔

風險

「避險基金經理人的基本技能，就是操作避險基金讓

它繼續下去啊。」

——麥特·雷文

「所有運用多重策略追求絕對報酬的大型基金，都會根據震盪波動程度進行調整。隱含波動減低的時候，就是提高曝險部位以維持報酬水準。」

——詹姆斯·艾特肯

「尋找縱觀大局的優秀經理人可真是不容易！因為光看過去的操作記錄，我們很難分辨到底是超凡入聖的技能和遠見卓識，或者純粹只是運氣好。」

——亞當·布利茲

「從整體來看，我們都很強調操作大師。但這像是個水晶球，也像個黑箱。」

——強納森·泰伯（Jonathan Tepper）

「你在急難中可以扮演中間市場，但其實還是在某條大人物的河上隨波逐流而已。那條河不是你創造出來的。」

——彼得·特羅（Peter Troob）

私募股權
機會
「我在私募股權香腸工廠工作了十年，我就喜歡這種

香腸嘛！我覺得這種資產非常好，對於整體投資組合報酬的效果我非常喜歡。」

——約翰·菲佛（John Pfeffer）

「就像大衛·史雲生說的，資本主義的終極形式就是私募股權。你的投資可以有很長的時間跨度，不必受限於每季公布的數字，你可以做點正確的事，也可以調動許多槓桿來操作。」

——比爾·史畢茲

「能持續提供報酬的私募股權企業最是強大。他們有觸及各式交易的權力，運用各種槓桿，既能控制供應商，也能控制客戶。」

——馬克·鮑加納

風險

「在所有資產類別中，私募股權的費用負擔最大。」

——史蒂夫·雷特納

「你在私募股權市場無法設定時間。不能選擇自己想要的 EBITDA（未扣除利息、稅金、折舊及攤銷費用之盈餘）倍數，因為每個合作夥伴都有自己設定的五年投資期。」

——克利斯·艾爾曼

「認購融資（subscription lines）是私募股權產業的重要組成部分，也是有限責任合夥事業的重大風險。」

——史蒂夫・尼爾森（Steve Nelson）

「我們的投資組合完全沒有大型企業併購經理人，因為我們認為大型併購只是融資槓桿股票而已。這上頭就算有什麼操作技術可說，它創造出來價值到最後大部分也會被費用吃光。」

——雷夫・安德

「就算所有重要交易條款都已經達成協議，連意向書都簽好了，小型企業的交易還是有八成不會完成。」

——布倫特・比索（Brent Beshore）

「有五百家公司被三個或更多私募股權基金接連持有。光是要打消摩擦成本就會大幅影響投資報酬。」

——安德列・波旁奈（André Bourbonnais）

「真正的自營交易（proprietary transactions）非常少。有是有，但真的很少。」

——安德列・波旁奈

「支付高價做私募股權可能碰上兩個問題：首先是無法多次擴張；第二是，要承擔這麼多債務，會提高破

產風險。」

——丹・拉斯穆森

創業投資

機會

「創業投資最後就是看效率前緣（efficient frontier）。你畫出投資組合的最佳曲線，創投就在那裡。」

——克利斯・杜渥斯

「用創投做避險很重要。接下來的二十年到三十年，很有可能出現前所未見的技術進步。投資如果侷限於現有的企業和產業，肯定會讓你出局。」

——約翰・菲佛

「創業投資就像國會。大家都討厭國會，卻又很愛自己的國會議員。」

——克利斯・杜渥斯

「這是一個機會類別，不是資產類別啊。」

——吉姆・威廉斯

「創業投資有很強的自發關聯性（autocorrelation），也是很大的不公平優勢。只要一開始贏了，如果你做得對，就會繼續贏下去。」

——喬・隆斯戴（Joe Lonsdale）

「創業投資是買進新創企業股權的直接工具。每個創投基金都說資金成本一樣，但某些頂級公司的資金成本應該是比較低。」

——阿里・哈米德（Ali Hamed）

「創業投資最經典的陳腔濫調是，如果問說你比較想擁有技術Ａ級的Ｂ級團隊，或是Ａ級團隊但技術只有Ｂ級，結果大家都會選後者。我們都想要驚人的人才。」

——喬許・渥華

風險

「資金愈來愈集中在創投產業，因為企業維持不上市的時間更長，也會吸引更多資金。所以，經理人也忙著在投資組合找公司，就沒多少量能做新交易囉。」

——比澤・克拉克森（Beezer Clarkson）

「亨利・麥肯斯（Henry McCance）曾對我說：創投進行順利時，會發現時間很便宜但資金很貴。而股市泡沫發生時則是大家缺乏時間，結果資金就變便宜。所以資金便宜、時間變貴的時候就要小心啦！」

——克利斯・杜渥斯

「你在創投要是不能跟最好的經理人一起，那就不要做。不用再花太多時間，也甭指望什麼奇方妙法可以

解決，就是不要再做了。」

——卡爾·歇爾

「這個投資有兩大問題：一個是挑對公司但投資太少，就算它後來變為一家大公司，對你也沒什麼用；另一個是疏忽之過與蓄意犯錯。」

——史考特·庫伯

「私募股權正從一般合夥人（GP）變成像是太陽系的太陽，其他行星都要圍著他們轉，企業家就是我們太陽系的太陽，我們只是眾多行星中的一個。」

——麥克·莫澤（Mike Mauzé）

其他資產

「我們不是投資資產類別，我們是投資在人。」

——湯姆·萊勒漢

「要做成長類股投資人，對未來就必須保持樂觀。樂觀的人最後才會做對。」

——保羅·布拉克

「買進高收益債券就像在百貨商場買東西。你知道你在找什麼，也知道你要買什麼。結構信貸（structured credit）則像是去土耳其市場，你帶著錢到處轉四處看。你要抱著開放態度才會看到一個別人沒發現的貴重花

瓶，然後就準備把它買下來。」

　　　　　　　　　　　——布雷特・傑佛遜（Brett Jefferson）

「做固定收益的，你要是能找到一個樂觀派的話，我會很樂意見他！」

　　　　　　　　　　　——提姆・麥庫斯克

「對於一般投資散戶來說，用融資槓桿操作指數基金簡直就是玩炸藥嘛！他們大概都會炸掉腳趾頭，因為這種結構會促進不良行為。」

　　　　　　　　　　　——湯姆・萊頓（Tom Lydon）

「選擇權就像藥，你要是知道該怎麼用、遵照醫生處方，跟專家一起合作，那就是很好的東西。要是這些條件一個都沒有，它們可能就是壞東西。」

　　　　　　　　　　　——瑞克・塞瓦拉（Rick Selvala）

「職棒小聯盟有七千個球員，能打進大聯盟的不到10%，有能力跟球團談薪水賺大錢的更是不到3%。我們相信我們簽下的球員中，有一半以上都能打進大聯盟。」

　　　　　　　　　　　——麥克・史維莫（Michael Schwimer）

第 12 章
人生教訓

LIFE LESSONS

在每一集訪談的最後，我都會提出幾個相關問題做結束，讓來賓暢談自己的興趣和信仰等等，而最後兩個問題是讓他們思考什麼事情最重要：

一、父母的教導，有哪些事影響你最大？

二、有哪些人生教訓，你會希望自己早一點學到而且領會更深？

這兩個問題帶來的回答像是人生智慧的寶庫。我把這些精華分成幾大類別：

- 情緒管理
- 不斷提升
- 關係交流
- 職業倫理
- 面對現實
- 最重要的事

情緒管理

參與節目的來賓，都用自己方式表達存在感和保持積極正面的價值。

存在感

「拉丁格言『Age quod agis』就是說：活在當下！」

——麥克·毛布辛

「不用急著做什麼，但你要先在場。」

——喬恩·魏瑟海

「思考兩次，果斷行動。」

——湯姆·布希

「答案自己會來到，你根本不必追。」

——愛倫·艾莉森

「你無法控制未來，過去也都成為過去。你要專注在當下，我們甚至無法控制當下，只能控制自己的行為。」

——卡爾·歇爾

「壓力太大時，最重要的是先讓自己平靜下來。你要是不能讓自己冷靜，先放慢速度，就會被恐懼帶著跑。」

——麥克·梅渥斯

積極正面

「我們常常被恐懼、懷疑和不安所困擾，不管你是誰。」

——查特里·西尤堂

「因為厭惡虧損的心理作用，我們都會更注意壞事而不是好事。」

——麥克·毛布辛

「認真對待自己，但也不要認真得太超過。」

——賽斯·馬斯特

「公開表現絕望，私底下又很樂觀，是個有趣的衝突。我們常常對自己很樂觀，卻又對整個世界感到悲觀。」

——塔莉·夏洛（Tali Sharot）

「我們有一個籃子裝憂慮，也就只能裝那麼多。所以你要是想擔心什麼事，就要先把籃子裡的扔掉一些，才塞得新的。」

——安娜·馬歇爾

「不要為了提升績效就苛責自己啊！對自己說那些消極負面的話，只會帶來消極負面的效果。」

——凱·西（Khe Hy）

「不讓以前的事情影響未來表現可是不容易。要做到這一點的唯一方法是十分周全地做好準備，然後按照

計畫行事。」

——薩雷爾‧佛斯特博士（Dr. Sarel Vorster）

不斷提升

不斷的學習和成長才能面對挑戰，克服障礙。努力不懈，不屈不撓自有回報。

成長

「我喜歡阿西莫夫（Isaac Asimov）的名言：重提當年勇只是沒營養的飼料。」

——派崔克‧歐夏尼斯

「就算你做某事很厲害，也不表示就要一輩子繼續做下去啊。」

——查特里‧西尤堂

「這個世界很大，要繼續擴展你的世界。好學不倦！」

——馬克‧鮑加納

「除非你做了一些你認為不可能的事情，否則你不知道自己有多大能耐。」

——傑‧吉羅托（Jay Girotto）

「要在確定中發現好奇。多點好奇心，你就會傾聽更

多。你會覺得更有趣，也學到更多。」

——湯瑪斯‧德隆

「覺得還可以的時候，不妨選擇那些不是最明顯的道路。」

——賽斯‧馬斯特

「凡事沒有什麼完美的時機！」

——湯姆‧布希

「有時候必須通過苦難和考驗才能獲得獎勵，因為那種磨練才會讓你不得不放下自己的執著。」

——麥克‧梅渥斯

「走向自己害怕的事，是我們一生中必須做的事情，即使那一刻從來不會感覺特別好。」

——珍妮‧海勒

「如果你真的很努力也全力以赴，那麼就算是失敗也無所謂。如果是三心兩意想早早退出才失敗，那才真的不好。」

——喬‧隆斯戴

「接受錯誤、放下錯誤，才能繼續前進。我們愈早學會這麼做，就愈快樂。」

——麥克‧諾渥格拉茲

「兩個簡單的規則：先找到一個偉大的導師，然後再擺脫這位偶像。」

——強納森‧泰伯

選擇性

「能嘗試很多事情，然後淘汰做不好的，把精力專中在行之有效的事情上加倍努力，這就是幸運！」

——丹‧艾瑞利（Dan Ariely）

「我回想那些真正改變生活、最讓人感到驚奇的歷練，沒有一個是原本就計畫好的。」

——史蒂夫‧尼爾森

「當你能確定前進的方向，它自然會為你提供解鎖的祕密。」

——喬許‧渥華

「如果你不知道自己要去哪裡，就只能隨波逐流任人擺布。」

——彼得‧特羅

「勇於冒險！就算是很大的風險，只要敞開大門，就會有人幫你。大家希望你成功，也喜歡看到你冒險。」

——彼得‧特羅

「我們變老以後，最大遺憾不是那些沒做成功的事。

最遺憾的是那些我們從未嘗試過的事。」

——吉姆・威廉斯

「照顧好你身邊的事情，小心提防債務，然後時間自會證明一切。」

——薩雷爾・佛斯特博士

關係交流

在以人為本的業務中，人際交往就是一場長期遊戲。與談來賓都對人性行為以及如何建立與維持穩定關係提出建議。

「這很簡單。你希望別人怎麼對待你，就用這種方式對待他人。」

——美樂迪絲・詹金斯

「在生活上的各個方面都要公平、誠實、坦率，尊重他人，努力工作。做正確的事，好事就會發生。」

——大衛・巴瑞特（David Barrett）

「釋放你的偉大，就會讓偉大圍繞在你身邊。」

——查特里・西尤堂

「有時候，關心比聰明更好。」

——湯姆・盧梭

「無論我們做什麼，同理心可能是大家都能擁有的最強大技能。」

——保羅‧拉比爾（Paul Rabil）

「我們在生活中想做的，其實就是建立一個人際網路，你可以為大家增加價值，大家也可以幫助你。」

——史考特‧庫伯

「如果電梯來了，帶你上樓，你也要把它送回來。」

——拉胡‧穆德加

「你生活中如果有真正非常、非常要好的朋友，你就會過得比大多數人好得多。」

——安妮‧杜克（Annie Duke）

「不是每個人的目標都會跟你一樣，就算是親密朋友也不例外。不要把它當作是個人恩怨。」

——喬恩‧哈里斯

「有時只要表示一點友好就能減輕壓力，也能幫助對方渡過困難。」

——麥可‧山百樂

「任意猜測他人的意圖，反而會帶來破壞。其實我不會知道你的意圖，你也不會知道我的。我們應該與人

為善，往好的方向去想才對。」

——大衛・祖利（David Druley）

「要看對方做些什麼，不是光聽他們說。」

——克拉克・法奇（Clarke Futch）

「跟壞人打交道，你永遠得不償失。」

——馬特・波登

「生活就像是一場撲克牌大賽。除非你很擅長解讀人性行為，否則很可能不知道對手抓了什麼牌或自己的勝算有多少。所以只能見招拆招。」

——艾許・威廉斯

職業倫理

工作不能投機取巧。與談來賓跟大家分享他們對這句話的看法。

「不管在什麼領域，最成功的人就是靠勇氣和毅力。在我們格鬥界，這叫做戰士精神。」

——查特里・西尤堂

「努力不懈，繼續做你正在做的事情。那麼當好運到來時，你就在那裡。」

——保羅・布拉克

「只要能找到你比別人強一點的東西，那就大有幫助囉！」

——葛列格里・祖克曼（Gregory Zuckerman）

「專注才會成功。」

——理查・勞倫斯

「需要挖洞的時候，拿起鏟子就開始挖吧！」

——湯姆・萊勒漢

「要創造出可以留下影響力和精神遺產的東西，有些工作是絕對必要的。」

——保羅・拉比爾

面對現實

直面生活的真相，而不是一廂情願的想像，是大家都要有的人生教訓。

「人事紛亂，業界也很亂。你要有能力解決這些爛攤子。」

——布倫特・比索

「跟世俗一切和平相處，生活中的大部分時間都是平靜無波。」

——戴利安・凱恩

「我們許多直覺感應的正確做法，其實都是錯的。」

——丹·艾瑞利

「失敗不只是一種選擇，也是生活中的必需品。」

——克蕾兒·李維

「自信不等於能力。」

——塔莉·夏洛

「我們所知道的一切就像針尖一樣小，我們不知道的事像整個宇宙那麼大。」

——安妮·杜克

「每一朵陰雲都有一道銀邊，每道銀邊也都是一朵陰雲。」

——強納森·賀托

「當我嘗到經濟成功、地位受到認可的滋味，以為天空為我展現彩虹，我走過去連海水都會分開，大家都想做我的好朋友。但我發現，自己的生活其實什麼也沒變啊。」

——凱·西

「作為投資人和企業家，凡事都會比你想像得更漫長，也更艱難。」

——丹·拉斯穆森

「要是有什麼事情好得不像是真的，很可能就不是真的。」

——唐娜・史奈德

「如果是由你自己來做改變，其實也沒那麼糟啦！」

——傑夫・所羅門

「大文豪愛默生說，人生是一連串的教訓，唯有親歷親嘗才能體會。」

——喬迪・韋瑟

最重要的事

工作上要從大局著眼，一切都會變得更值得。

「這些偉大智慧都很有道理：不要為小事太過操心；要跟你愛的人一起共渡時光；找到自己的平衡點；大多數人在意你的時間比你想像得要少很多。」

——比澤・克拉克森

「我爸爸曾說：小子，你的優先順序是：上帝、家人、朋友、學校和運動。按照這個順序去做！」

——吉姆・登恩

「生命中最重要的元素就是你的健康。你要是沒有健康，其他一切也都毫無價值。你要是不喜歡自己每天

做的事又沒有健康，完全是一場災難啊！」

　　　　　　　　　　　　　　　　　——傑森・卡普

「當你想到自己的孩子，會以爲那樣的日子會永遠持續，但歲月其實飛快流逝。」

　　　　　　　　——安德魯・雷德利夫（Andrew Redleaf）

「保持平衡是人生的關鍵，對世界充滿好奇心是成功與長壽的關鍵。」

　　　　　　　　　　　　　　　　　——比爾・史畢茲

「時間在所有資產中最爲短暫，你應該把它花在你眞正喜歡和最有效率的事情上。」

　　　　　　　　　　　　　　　　　——布雷特・巴斯

第 13 章
十大金句

THE TOP 10

我在書中跟大家分享訪談來賓的經驗教訓，都是來自我 Podcast 節目一百五十集的採訪對話。

這些訪談總共有一百五十個小時，整理成文字稿大概是三千五百頁。

克里斯多福・塞佛（Christopher Seifel）的加工處理讓這項工作減輕許多負擔，把每一集對談濃縮成二十五至四十則重點引文。經過他的努力，再加上維多莉亞・辛澤絲基（Victoria Sienczewski）、馬克・安納尼－依薩（Marc Anani-Isaac）和麥克・達里安諾（Mike Dariano）的寶貴貢獻，為我撰寫這本書做好準備。

我從這些重點中挑選出每一集的精華，最後總共挑出八百五十六則最佳引文。各位只要來我的網站「capitalallocators.com」登記免費的每月電子報，就可以獲得這些引文做為禮物。

這本書的最後，我要從這八百五十六條引文中挑選十大金句。選擇標準當然完全是我的主觀看法：讓我覺得新奇又特別，其中蘊藏著智慧、幽默或者兩者兼而有之。

以下就是：Podcast「資本分配者」一百五十集的十大金句。

一、「你要是以為凡事總有個終點不會沒完沒了，肯定從沒買過糟糕透頂的私募股權基金！」

——卡爾・歇爾

二、「我最近最喜歡的新偏誤是偏誤的偏誤。現在大家最愛談行為金融學，整天都在找偏誤就是一種偏誤吧。」

——德魯・迪克森

三、「其實我每天早上醒來都會祈禱說，希望今年要支付的費用創新高！」

——喬恩・哈里斯

四、「有一次我收到一個盒子，裡面是一隻路易威登的紅色高跟鞋。附了張紙條說：這樣算踩進門了吧，我可以來拿回我的鞋嗎？」

——吉姆・登恩

五、「管理者的才能可不常見。要提前辨識真的很困

難，有時候連事後認定都很不容易。」

——麥特‧惠納雷

六、「投資人必須有所不同，又要有點相同。」

——瑪格麗特‧陳

七、「要想率先達成，你就要先完成嘛！」

——安迪‧高登

八、「有人來建議捐贈基金叫我買一頭母牛。就一頭母牛耶！我說，『先生，你知我不能買頭母牛啊！』他很傷心就走了。」

——愛倫‧艾莉森

九、「你的風險承受能力，必須比你自己或資產所有者再小一點。」

——大衛‧祖利

十、「我強調的是反省思考，不是被動反應。」

——詹姆斯‧艾特肯

附錄

APPENDICES

附錄A

經理人首次訪談大綱

INITIAL MANAGER MEETING OUTLINE

以下範例文件是跟多空股票避險基金經理人會談預先準備的訪談大綱，列出的都是可用於討論的主題，但沒有列出具體問題。

背景

起源

團隊

所有權和薪酬方案

一般合夥人承諾（GP commitment）

投資方式

理念

策略

- 機會
- 報酬／風險概況

過程

　　創意衍生

　　分析

　　質性定位（公司訪問、電話訪問）

　　計量數值（模型）

　　評論

　　決策

　　監控

　　建立投資組合

　　對沖

投資組合特徵

　　曝險（最大值、平均值）

　　部位（＃多頭、空頭）

　　最大部位（成本、市價）

　　平均部位（成本、市價）

　　前十大集中部位

　　集中因素

　　流動性

　　成交值

商業

目標

團隊

　　預期變化

　　歷史成交值

　　過去員工

　　策略／財務關係

客戶

　　作品

　　特殊安排

　　報告

條款

　　費用

　　鎖定

　　貢獻

　　退出

　　服務供應商

投資案例

典型一天

例子

　　成功投資

不成功投資

當前環境

最喜歡的想法

教訓

從錯誤吸取教訓

表現最佳時期

表現最差時期

首次訪談問題清單

問題清單是提供給資本分配者在會議前做思考的參考文件。如果直接把清單帶進會議中按譜操作，很可能執著於預定問題，反而疏忽實際對話的發展。

1、關於人

A、事業起源

你有什麼故事？

生活環境如何塑造主角？

基金名稱有什麼幕後故事？

B、團隊

團隊和策略是如何建立的？

團隊如何互動？

讚揚哪些規範準則？

何時曾經歷過人員流動？

團隊中的哪些人是你現在找不到的理想合作夥伴？

哪些技能最能增強團隊力量？

C、激勵措施

誰擁有這家管理公司？

公司所有權長期上會有什麼變化？

團隊如何設定薪資報酬？

你個人在這個基金上有多少投資？

除了這個基金之外，你個人資金還投資在哪裡？

你個人淨資產有多少百分比投入這項事業之中？

公司員工（非一般合夥人）對公司基金做了哪些投資？

D、關於個人

你想要完成什麼？

你有害怕什麼嗎？

曾經遭遇的最大失敗為何？

你有什麼超能力？

你有哪些地方需要再改進？

你在空閒暇餘都做些什麼？

2、 投資理念

A、定義

你對投資有何看法？

你有什麼優勢？

B、投資策略

這套策略為何有效？

這套策略有哪些方面是他人無法複製？

有何跡象顯示該優勢可能不再持續？

3、投資流程

A、典型一日

睡醒後會先做什麼？

何時進辦公室？

會查看哪些報告？

會參加什麼會議？

日常行程安排如何確定優先順序？

平常要跟哪些人談話？

上班日的休息時間如何打發？

B、投資點子的生命週期

創意產生：創意從何而來？

分析：完整成熟想法包含哪些要素？有模型嗎？需
要文字敘述或檢討評論嗎？

決策：你的決策過程為何？

建立投資組合：如何設定部位大小？

監控：要注意哪些指標？什麼狀況才會觸發行動？

賣出：特定部位如何決定賣出時機？

這個流程的各個方面要花多少時間？

上次改進這套流程是在什麼時候？

會暫停日常工作，重新評估這套流程嗎？

C、理論應用

目前投資組合的標誌範例是什麼？

哪個部位最不符合你的既定程序？

目前最喜歡的投資點子是什麼？

目前最不確定的部位為何？

目前這套策略的市場環境為何？

有沒有什麼錯誤的例子？後來怎麼解決？

從錯誤中學到什麼教訓？

改變什麼做法來避免同樣錯誤？

如何減少偏誤？

D、風險管理

如何定義風險？

有哪些紀律／控制措施？

風險衡量

採用哪些報告？

多久檢討一次？

使用什麼現成工具？

使用哪些特製工具？

風險管理

由誰執行管理？

投資組合如何進行調整？

哪些部分可能出錯？

4、投資產品

A、投資組合特徵

帳上有多少部位？多頭及空頭部位各有多少？

部位平均規模多大（按成本、按市價）？

最大部位有多大（按成本、按市價）？

最小部位有多大（按成本、按市價）？

偏差因素為何？

B、預期

報酬目標為何？

預期績效期與困難績效期判定標準為何？

量能上有何限制？

C、展望

最尊重的競爭對手為何？

與競爭對手相比，你的優勢在哪裡？

D、績效記錄

交易如何影響他們的表現？

技能（阿爾發值）與運氣（貝它值）各占多少？

了解更多

以下匯整每章最後建議的參考資料。

訪談

Podcasts

提姆・費里斯秀：採訪大師：卡爾・福斯曼和傾聽的力量（第 145 集）

投資最高手：黑桃 A，訪談艾瑞克・馬多斯（第 15 集）

專書推薦

哈維爾・韓崔斯《得到你想要的愛》（*Getting the Love You Want*）

決策

Podcasts

資本分配者：安妮・杜克——改進決策（第 39 集）

資本分配者：安妮・杜克——如何做決定（第 156 集）

資本分配者：蓋瑞・克萊恩與保羅・強森和保羅・松金
──進行事前調查（第 109 集）
資本分配者：麥克・毛布辛──主動挑戰、理性決策和
團隊動態（第 36 集）

專書推薦

丹尼爾・康納曼《快思慢想》（*Thinking Fast and Slow*）
安妮・杜克《高勝算決策》（*Thinking in Bees*）
安妮・杜克《如何做決定》（*How to Decide*）

談判

Podcasts

資本分配者：戴利安・凱恩──談判大師班（第 136 集）
知識企畫：克利斯・佛斯──說服他人的藝術（第 27 集）

線上課程

談判力遊戲，戴利安・凱恩：www.negotiationmindgames.
com

專書推薦

克利斯・佛斯《ＦＢＩ談判協商術》（*Never Split the
Difference*）

領導力

Podcasts

資本分配者：珍妮佛・普洛謝──為資產管理公司建立品牌（第 81 集）

資本分配者：藍道・史都曼──欽佩領導力學院（第 150 集）

線上課程

欽佩領導力學院──藍道・史都曼與欽佩領導力團隊

蘭道和他的團隊探討優秀領導者在工作中表現出的一百種共同行為。這是我知道最好的也最容易學習的工具寶庫，各位可在此找到：www.admiredleadership.com

專書推薦

羅伯特・艾格《我生命中的一段歷險》（*The Ride of a Lifetime*）

珍妮佛・普洛謝《創業大軍》（*Army of Entrepreneurs*）

要我推薦領導力的書就太搞笑啦！所以我分享兩本跟本章主題有關的書籍。

管理

Podcasts

資本分配者：大衛・「公牛」・葛芬——來自海軍陸戰隊的跨學科課程（第 10 集）

專書推薦

戴爾・卡內基《人性的弱點》（*How to Win Friends and Influence People*）

　　其實圖書館塞滿了管理類書籍，隨便你挑。我特別挑出這本是因為它對我影響最大。由於書名，多年來我拒絕閱讀這本卡內基經典作品，這是本我唯一讀了兩遍以上的書。

治理

Podcasts

資本分配者：史蒂夫・加布萊斯——在會議室（第 48 集）

白皮書

投資委員會最佳治理實務——格林威治圓桌 [40]

非營利組織投資管理原則——共同基金機構 [41]

投資策略

Podcasts

資本分配者：強納森・賀托──外包投資公司的先鋒（第
98 集）

資本分配者：麥特・惠納雷──紐西蘭超級基金的創新
（第 108 集）

專書推薦

大衛・史雲生《開創投資組合管理》（*Pioneering Portfolio
Management*）

投資流程

Podcasts

資本分配者：史考特・馬帕斯──愛爾蘭戰士隊的第
十二人（第 25 集）

資本分配者：金・盧──卡內基之路（第 52 集）

資本分配者：安德魯・高登──普林斯頓大學的投資猛
虎（第 13 集）

上我節目的投資長，每一個都會談到投資過程的價值思
考，我無法從中選出哪個比較重要。這裡列出的史考特、金・
盧和安德魯，其實是各位聽眾選的，都是下載次數最多的投

資長訪談。

資料分析

Podcasts

資本分配者：派崔克・歐夏尼斯——歐夏尼斯資產管理公司（首次訪談，第 1 集）

資本分配者：喬迪・韋瑟——新世代的經理人分配者（第 92 集）

資本分配者：馬休・葛南納——控點七二的資料研究（首次訪談，第 22 集）

相關企業

諾維斯合夥公司：www.novus.com

伊森夏分析公司：www.essentia-analytics.com

阿爾發理論公司：www.alphatheory.com

各位如果想運用量化工具來提升投資結果，光靠讀書沒有多大幫助。請直接聯絡諾維斯、伊森夏和阿爾發理論公司，了解更多他們為資本分配者和投資組合經理人提供應用工具的相關資訊。

「資本分配者」訪談來賓簡歷
DIRECTORY OF GUESTS ON CAPITAL ALLOCATORS

- 克利斯・艾西托（Chris Acito），蓋普斯托資本合夥公司（Gapstow Capital Partners）創辦人兼投資長
- 丹尼爾・亞當森，渥福勒公司資深常董、星座資本公司總裁
- 克利斯・艾爾曼，加州教師退休基金投資長
- 詹姆斯・艾特肯，艾特肯顧問公司（Aitken Advisors）
- 丹・艾瑞利，行為經濟學家、無理性資本公司（Irrational Capital）創辦合夥人
- 雷夫・安德，澳洲未來基金執行長
- 大衛・巴瑞特，大衛・巴瑞特合夥公司創辦人
- 布雷特・巴斯，BBR 合夥公司創辦人兼聯合執行長
- 麥克・貝特尼，里多茲財富管理公司研究總監
- 馬克・鮑加納，普林斯頓高等研究院投資長
- 布倫特・比索，恆久股權公司（Permanent Equity）創辦人兼執行長
- 隆恩・畢斯卡迪，「ｉ連結」公司創辦人兼執行長

- 保羅・布拉克，WCM 投資管理公司投資組合經理人兼聯合執行長
- 亞當・布利茲，伊文斯頓資本公司執行長兼投資長
- 馬特・波登，蓋勒端點資本公司（Gallatin Point Capital）聯合創辦人兼常務合夥人
- 安德列・波旁奈，貝萊德公司總經理
- 克利斯・布羅克麥爾，百老匯聯盟員工福利基金總監
- 喬許・布朗，里多茲財富管理公司執行長
- 湯姆・布希，松德蘭資本公司創辦人兼投資長
- 戴利安・凱恩，耶魯大學管理學院談判組資深教授
- 麥可・山百樂，摩根大通資產與財富管理公司（J.P. Morgan Asset and Wealth Management）市場與投資策略部主席
- 瑪格麗特・陳，康橋匯世投資公司捐贈基金全球營運總監
- 比澤・克拉克森，藍寶創投公司（Sapphire Ventures）總經理
- 湯瑪斯・德隆，哈佛商學院管理營運貝克基金會教授
- 德魯・迪克森，艾伯布吉資本公司創辦人兼投資長
- 克利斯・杜渥斯，阿霍伊資本公司創辦人兼總經理
- 大衛・祖利，康橋匯世投資公司執行長
- 安妮・杜克，職業撲克牌玩家、暢銷書作家、決策策略分析師

- 吉姆・登恩，偉爵資本公司執行長兼投資長
- 丹・伊根，貝特曼顧問公司（Betterment）行為金融與投資總經理
- 查理・艾利斯，格林威治合夥公司創辦人
- 愛倫・艾莉森，伊利諾大學基金會投資長
- 東恩・菲茲派崔，索羅斯基金管理公司投資長
- 葛雷格萊・佛萊明（即葛雷格・佛萊明），洛克菲勒資本管理公司總裁兼執行長
- 克利斯欽・霍克，澳洲營造建商公會退休基金投資長
- 艾雪・馮大拿，瑞特創投公司總經理
- 曼尼・富利曼（Manny Friedman），EJF 資本公司（EJF Capital）執行長兼聯合投資長
- 克拉克・法奇，皇家保健合夥公司（HealthCare Royalty Partners）聯合創辦人兼常務合夥人
- 史蒂芬・加布萊斯（Steven Galbraith），金德瑞資本公司常務董事、塔夫茲大學（Tufts University）投資委員會主席
- 傑・吉羅托，農田機會公司（Farmland Opportunity）創辦人
- 安德魯・高登，普林斯頓大學投資公司投資長
- 馬休・葛南納，控點七二公司市場情報長
- 大衛・葛芬（即公牛・葛芬），海軍陸戰隊贈勳老兵、美國愛國者聯合會執行長

- 阿里・哈米德，聯合創投公司（CoVenture）聯合創辦人兼合夥人
- 克莉絲蒂・漢彌爾頓，達拉斯兒童健康中心投資總監
- 喬恩・哈里斯，另類投資管理公司執行長
- 珍妮・海勒，白蘭蒂恩集團顧問公司總裁兼投資長
- 羅莎・修絲尼安，韓斯利慈善信託基金投資長
- 喀麥隆・海特，阿爾發理論公司創辦人兼執行長
- 強納森・賀托，賀托－卡拉漢公司執行主席
- 摩根・胡瑟，合作基金合夥人、銷暢書作家
- 凱・西，拉雷茲公司（RadReads）創辦人
- 珍・海因斯，威靈頓管理公司管理合夥人
- 班・因克，葛馬奧基金公司資產配置總監
- 羅絲・以色列（Ross Israel），昆士蘭投資公司（QIC）全球基礎設施總監
- 布雷特・傑佛遜，希爾登資本管理公司（Hildene Capital Management）聯合投資長
- 美樂迪絲・詹金斯，華爾街三一教會投資長
- 保羅・強森，尼古薩投資顧問公司（Nicusa Investment Advisors）創辦人
- 傑森・卡普，人力公司創辦人兼執行長
- 葛雷・克萊恩（Gary Klein），認知心理學家
- 傑森・克萊恩，史隆・卡特林癌症紀念中心投資長

- 雷利・柯查，馬肯納資本公司投資長
- 彼得・克勞斯，光圈投資人公司董事長兼執行長
- 史蒂夫・庫恩，退休避險基金經理人
- 史考特・庫伯，安德森・霍洛維茲公司執行長
- 理查・勞倫斯，展望投資公司創辦人兼執行主席
- 湯瑪士・雷恩罕（Thomas Lenehan），華勒士基金會投資長
- 麥特・雷文，彭博財經網專欄作家
- 克蕾兒・李維，伊森夏分析公司創辦人兼執行長
- 金・盧，卡內基基金會投資長
- 麥克・倫巴第，美式足球聯盟前主管職
- 喬・隆斯戴，八創投公司（8VC）創辦合夥人
- 湯姆・萊頓，ETF 趨勢公司（ETF Trends）創辦人兼執行長
- 史考特・馬帕斯，聖母大學捐贈基金退休執行長
- 安娜・馬歇爾，惠利特基金會投資長
- 安妮・馬丁，衛斯理大學投資長
- 賽斯・馬斯特，聯博資產管理公司投資長
- 麥克・毛布辛，環球對位基金一致性研究總監
- 麥克・莫澤，VMG 合夥公司（VMG Partners）合夥人
- 提姆・麥庫斯克，「NEPC」投資顧問公司投資長
- 吉普・麥克丹尼，期刊《法人投資機構》總編輯

- 史蒂芬‧麥紀翁（Stephen McKeon），奧勒崗大學金融系副教授
- 麥克‧梅渥斯，臨床心理師、英雄旅程基金會（Hero's Journey Foundation）創辦人
- 賴瑞‧美斯泰（Larry Mestel），原始浪潮（Primary Wave）創辦人兼執行長
- 水野弘道，日本年金積立金管理運用獨立行政法人前投資長
- 艾胥比‧孟克，史丹佛大學全球專案中心行政總監
- 拉胡‧穆德加，帕烏斯資產管理公司（Parvus Asset Management）合夥人
- 史蒂夫‧尼爾森，有限合夥人機構協會（ILPA）執行長
- 麥克‧諾渥格拉茲，銀河數位公司（Galaxy Digital）創辦人兼執行長
- 派崔克‧歐夏尼斯，歐夏尼斯資產管理公司執行長
- 安德列‧佩羅德，高度展望策略公司（HighVista Strategies）創辦人兼投資長
- 艾瑞克‧彼得斯，一河資產管理公司（One River Asset Management）創辦人兼投資長
- 約翰‧菲佛，菲佛資本公司（Pfeffer Capital）聯合創辦人
- 道格‧菲利普斯，羅徹斯特大學捐贈基金會投資長
- 布萊恩‧波諾伊，作家、塑造財富公司創辦人

- 珍妮佛・普洛謝，普洛謝合夥公司管理合夥人
- 巴斯爾・可諾比，諾維斯合夥公司創辦人兼主席
- 保羅・拉比爾，袋棍球大聯盟（Premier Lacrosse League）聯合創辦人
- 丹・拉斯穆森，維達資本公司（Verdad Capital）創辦人兼投資組合經理人
- 史蒂夫・雷特納，威利顧問公司主席
- 提姆・瑞克，詹姆斯・歐文基金會投資長
- 安德魯・雷德利夫，白盒顧問公司（Whitebox Advisors）創辦人兼執行長已退休
- 班・雷特，雜誌《運動畫報》資深撰稿人
- 艾瑞克・萊斯，長期證券交易所（LTSE）創辦人兼執行長
- 桑德拉・羅伯森，牛津大學捐贈基金管理公司執行長兼投資長
- 湯瑪士・盧梭（即湯姆・盧梭），嘉德納・盧梭投顧公司管理成員
- 安東尼・斯卡拉穆奇，空橋資本公司（Skybridge Capital）創辦人兼聯合管理合夥人
- 卡爾・歇爾，辛辛那提大學捐贈基金投資長
- 丹尼・索爾，邪惡冰淇淋（Vice Cream）創辦人

- 麥克・史維莫，大聯盟促進會（Big League Advance）執行長
- 瑞克・塞瓦拉，收穫波動公司（Harvest Volatility）聯合創辦人兼執行長
- 塔莉・夏洛，倫敦大學學院認知神經科學教授
- 山姆・西西里，澳洲旅遊休閒運動產業退休基金「豪斯普拉斯」投資長
- 羅倫斯・西格爾（即羅瑞・西格爾），CFA協會研究基金會研究總監
- 查特里・西尤堂，「ＯＮＥ冠軍大賽」創辦人兼主席
- 唐娜・史奈德，哈克薩美麗達健康公司投資長
- 傑佛瑞・所羅門（即傑夫・所羅門），柯文公司執行長
- 保羅・松金，GAMCO投資人／嘉百利基金（GAMCO Investors/Gabelli Funds）前投資組合經理人
- 比爾・史畢茲，分散信託公司創辦人兼社長
- 藍道・史都曼，欽佩領導力學院創辦人
- 強納森・泰伯，普雷維特資本公司（Prevatt Capital）創辦人兼投資長
- 馬利歐・賽里恩，魁北克儲蓄投資集團投資基金與外部管理總監
- 尼爾・崔普利（Neal Triplett），杜克大學管理公司投資長

- 彼得·特羅，特羅資本管理公司（Troob Capital Management）投資長
- 安德魯·蔡，白溪資本公司（Chalkstream Capital）創辦人兼主席
- 喬迪·韋瑟，維斯多策略顧問公司投資長
- 薩雷爾·佛斯特，克里夫蘭醫學中心（Cleveland Clinic）神經外科醫師
- 喬恩·魏瑟海，作家、《運動畫報》和《六十分鐘》記者
- 麥特·惠納雷，紐西蘭超級基金執行長
- 馬丁·惠特克（Martin Whittaker），正義資本公司（Just Capital）執行長
- 韋恩·威克，ICMA 退休公司（ICMA Retirement Corporation）投資長
- 艾許·威廉斯，佛羅里達州管理委員會投資長
- 詹姆斯·威廉斯（即吉姆·威廉斯），蓋提信託基金投資長
- 莎拉·威廉森，FCLT 全球研究所（FCLT Global）執行長
- 史考特·威爾森，聖路易華盛頓大學投資長
- 喬許·渥華，樂克斯資本公司聯合創辦人兼管理合夥人

- 大衛・佐魯，帕西法爾資本公司（Parsifal Capital）創辦人兼投資長
- 葛列格里・祖克曼，作家、《華爾街日報》記者

章節附註

1 Libsyn 代管服務。每週下載量為四週移動平均值。

2 "A Bet Against Buffett – Can Hedge Funds Beat the Market," White Paper, Ted Seides, July 2008 (capitalallocatorspodcast.com/A-Bet-Against-Buffett. pdf).

3 資料來自「eVestment」公司及「NEPC」投資顧問公司。

4 Adi Sunderam, Allison M. Ciechanover, and Luis M. Viceira, "The Vanguard Group, Inc. in 2015: Celebrating 40," Harvard Business School case study 9-216-026. Rev. May 30, 2017.

5 截至二○二○年一月三十一日：www.vanguard.com。

6 Carol J. Loomis, "Warren's Big Bet," Fortune, June 23, 2008.

7 capitalallocatorspodcast.com/wp-content/uploads/2017/04/A-Bet-Against-Buffett.pdf

8 Charles D. Ellis, Investment Policy: Winning the Loser's Game, Dow-Jones, Irwin, 1985.

9 "Q&A: Larry King on asking simple questions and listening closely," Columbia Journalism Review, July 7, 2017.

10 The Tim Ferris Show, "The Interview Master: Cal Fussman and the Power of Listening," episode 145.

11 資本分配者，第八集。

12 Harvard Business School case study #693019-PDF-ENG, Toyota Motor Manufacturing, U.S.A., Inc., 1992.

13 Daniel Kahneman, Thinking, Fast and Slow, Farrar, Straus, and Girous, 2011.

14 www.alliancefordecisioneducation.org

15 Annie Duke, Thinking in Bets: Making Smarter Decisions When You Don't Have All the Facts, Portfolio/Penguin, 2018.

16 Annie Duke, How to Decide: Simple Tools for Making Better Choices, Penguin Group, 2020.

17 William Ury, Getting Past No: Negotiating in Di'cult Situations, Century Business, 1991.

18 Roger Fisher and William Ury, Getting to Yes: Negotiating Agreement Without Giving In, Penguin Books, 1981.

19 Chris Voss, Never Split the Difference, HarperCollins Publishers, 2016.

20 Simon Sinek, Start with Why: How Great Leaders Inspire Everyone to Take Action, Penguin Books, 2009.

21 Robert Iger, The Ride of a Lifetime: Lessons Learned from 15 Years as CEO of the Walt Disney Company, Random House Publishing Group, 2019.

22 John Wooden, Wooden on Leadership, McGraw Hill, 2005.

23 Jennifer Prosek, Army of Entrepreneurs: Creating an Engaged and Empowered Workforce for Exceptional Business Growth, American Management Association, 2011.

24 領導者加油打氣的行為可參考這個網站：www.admiredleadership.com

25 傑森・卡普的推特帳號：「@humankarp」。

26 Charley Ellis, Capital: The Story of Long-Term Excellence, Managing People, pp. 218–219.

27 Eric Ries, The Lean Start-Up, How Today's Entrepreneurs Use Continuous Innovation to Create Radically Successful Businesses, Currency New York, 2011.

28 "CalPERS board wrestling with how to delegate," Pensions & Investments, September 21, 2020.

29 "Former Harvard Money White Jack Meyer Tried to Regain His Edge," Wall Street Journal, April 19, 2017.

30 "Harvard Money Managers' Pay Criticized," New York Times, June 4, 2004.

31 參見：greenwichroundtable.org/system/&les/GR-BP-Governance.pdf

32 參見：info.commonfund.org/investment-management-for-nonpro&tinvestors

33 Chuck Feeney's incredible legacy is described in "The billionaire who wanted to die broke ⋯ is now officially broke," Forbes, September 15, 2020.

34 Massachusetts Institute of Technology, Investment Management Company, Alumni Letter, February 2017.

35 風險分類組合詳細說明請參閱：nzsuperfund.nz 紐西蘭超級基金網站

36 "It is Time for Private Equity LPs to be Accountable," White Paper, August 2020.

37   Andre F. Pérold and William F. Sharpe described the conditions for the constant mix rebalancing strategy in the 1988 paper, "Dynamic Strategies for Asset Allocation," Financial Analysts Journal Vol. 44, No. 1 (Jan–Feb, 1988), pp. 16–27.

38   Cameron Hight, "The Concentration Manifesto," AlphaTheory, 2019.

39   本章大量引用我自己的評論文章，原刊於二〇二〇年四月二十四日《法人投資機構》，標題為「不用急著做什麼，先坐好」（Don't Just Do Something, Sit There.）。

40   參見：greenwichroundtable.org/system/&les/GR-BP-Governance.pdf

41   參見：info.commonfund.org/investment-management-for-nonpro&t-investors

作　　　　者　　泰德・賽德斯（Ted Seides）
譯　　　　者　　陳重亨
執　行　長　　陳蕙慧
總　編　輯　　魏珮丞
行　銷　企　劃　　陳雅雯、余一霞、林芳如
封　面　設　計　　萬勝安
排　　　　版　　JAYSTUDIO

社　　　　長　　郭重興
發行人兼出版總監　　曾大福
出　　　　版　　新樂園出版／遠足文化事業股份有限公司
發　　　　行　　遠足文化事業股份有限公司
地　　　　址　　231 新北市新店區民權路 108-2 號 9 樓
電　　　　話　　(02)2218-1417
傳　　　　真　　(02)2218-8057
郵　撥　帳　號　　19504465
客　服　信　箱　　service@bookrep.com.tw
官　方　網　站　　http://www.bookrep.com.tw
法　律　顧　問　　華洋國際專利商標事務所　蘇文生律師
印　　　　製　　呈靖印刷

初　　　　版　　2022 年 09 月
定　　　　價　　400 元
I S B N　　978-626-96025-5-1
　　　　　　　9786269602575（EPUB）
　　　　　　　9786269602568（PDF）

TOP
019

CAPITAL ALLOCATORS：
How the world's elite money managers lead and invest

投資長的思維　世界頂尖基金經理人的領導與投資指南

特別聲明：

有關本書中的言論內容，不代表本公司／出版集團之立場與意見，
文責由作者自行承擔

・新樂園粉絲專頁・

國家圖書館出版品預行編目 (CIP) 資料

投資長的思維：世界頂尖基金經理人的領導與投資指南／
泰德・賽德斯（Ted Seides）著；陳重亨譯.-- 初版.-- 新
北市：新樂園，遠足文化，2022.09
288 面；14.8 × 21 公分 .--（Top；19）
譯自：CAPITAL ALLOCATORS: How the world's elite money
managers lead and invest

ISBN 978-626-96025-5-1（平裝）

1.CST：投資　2.CST：投資管理　3.CST：投資分析

563.5　　　　　　　　　　　　111012776

CAPITAL ALLOCATORS: How the world's elite
money managers lead and invest by Ted Seides
Copyright © Harriman House Ltd.
Originally published in the UK by Harriman
House Ltd in 2021, www.harriman-house.com.
Chinese (in Traditional character only)
translation copyright © 2022 by Nutopia
Publishing, an imprint of Walkers Cultural
Enterprise Ltd.
Traditional Chinese language edition published
in arrangement with Harriman House Ltd.,
through The Artemis Agency.